Die pfälzischen

Staatskonkurs-Aufgaben

im Jahre

1885|88.

Die
pfälzischen Staatskonkurs-Aufgaben
im Jahre 1885.

I. Aufgabe
aus dem Civilrechte.

I.

Der verstorbene sehr vermögende X hatte kurz vor seinem Tode dem Geschäftsmann Z mehrere auf den Inhaber lautende Wertpapiere im Gesamt-Geld-Betrag von 4000 ℳ übergeben, um dieselben nach seinem Tode seiner früheren Haushälterin, welche er für ihm geleistete Dienste noch besonders belohnen wollte, auszuhändigen und war auch dieser Auftrag von Z vollzogen worden.

Nachdem die Erben des verlebten X, seine beiden Brüder, hievon Kenntnis erlangt hatten, erhoben sie Klage gegen den Geschäftsmann Z auf die Zurücklieferung der Papiere in die Erbmasse oder Ersatz des Wertes derselben. Sie begründeten ihren Anspruch damit, daß letztwillige Verfügungen oder Schenkungen nur in der vom Gesetz vorgeschriebenen Form getroffen werden könnten, die fragliche Verfügung sei daher nichtig und wirkungslos und habe auch dem Beklagten kein Recht zu deren Vollzug zugestanden.

Der Beklagte bestritt die Klage als unbegründet mit der Behauptung, daß die in Frage stehende Verfügung des

X keiner besonderen Form bedurft habe und durch den Vollzug rechtsgültig geworden sei. Auch könne er wegen der Aushändigung der Wertpapiere an die Bedachte nicht zur Verantwortung gezogen werden, weil er dadurch nur nach dem ihm von X gewordenen Auftrag gehandelt habe.

Es fragt sich nun, wie und aus welchen Gründen hier zu entscheiden ist?

II.

Die Eheleute X hatten sich im Jahre 1870 ohne Errichtung eines Ehevertrages verheiratet. Im Jahre 1885 starb die Frau und waren keine Kinder vorhanden.

Bei der Auseinandersetzung der ehelichen Vermögensrechte zwischen dem Witwer und den Erben der Frau ergaben sich folgende Streitpunkte:

a) der Ehemann hatte vor Abschluß der Ehe ein Grundstück um 1500 ℳ mit ausbedungener zweijähriger Zahlungsfrist gekauft. Bei seiner Verheiratung war der Preis noch nicht bezahlt und ergab sich während der Ehe, daß der Verkäufer des Grundstückes nicht der Eigentümer, sondern ein langjähriger Pächter desselben war. Der Ehemann sah sich daher von einer Klage des Eigentümers bedroht und schloß, um diese zu vermeiden, mit demselben über das nämliche Grundstück einen Kaufvertrag in gehöriger Form um den früheren Preis ab, der aus den Mitteln der Gütergemeinschaft bezahlt wurde.

   Der Witwer nahm nun diesen Acker, der inzwischen an Wert gewonnen hatte, als zu seinem persönlichen Eigentum gehörig in Anspruch, während die Erben der Frau behaupteten, derselbe bilde ein Zubehör der Gütergemeinschaft, weil der frühere Kauf gesetzlich nichtig gewesen sei, erst während der Ehe ein gültiger Erwerb stattgehabt habe und auch der Kaufpreis aus den Mitteln der Gütergemeinschaft bezahlt worden sei.

b) Die Ehefrau hatte vor Abschluß der Ehe mehrere ihr durch Erbschaft zugefallene Güterstücke und nach ihrer bald darauf erfolgten Verheiratung den übrigen Teil dieser Güterstücke beidemal mit Gestattung von Zahlungsfristen versteigern lassen. Von dem Erlös aus der ersten vor der Ehe stattgehabten Versteigerung wurde während der Ehe der Betrag von 10,000 ℳ und von dem Erlös aus der zweiten Versteigerung der Betrag von 6000 ℳ bezahlt.

Einer der Absteigerer bei der ersten, vor der Ehe der Frau stattgehabten Versteigerung, blieb mit Zahlung des Preises für einen von ihm dabei erworbenen Acker mit 1000 ℳ im Rückstand und ebenso ein anderer Ansteigerer bei der zweiten während der Ehe stattgehabten Versteigerung mit dem Preis von 600 ℳ für ein ersteigertes Grundstück.

Es wurde daher in Folge einer während der Ehe gegen beide Ansteigerer erhobenen Klage die Auflösung dieser beiden Erwerbungen, sowie die Wiederabtretung der betreffenden Güterstücke durch gerichtliches Urteil ausgesprochen.

Von dem Witwer und den Erben der Frau wurden widersprechende Behauptungen aufgestellt, wie es mit den fraglichen Güter-Erlösen und den beiden Güterstücken, welche auf Grund gerichtlichen Urteils von den Ansteigerern abzutreten waren, bei Festsetzung der beiderseitigen Vermögensrechte zu halten sei.

Es fragt sich nun und ist unter entsprechender Begründung zu beantworten, was in Beziehung auf jeden der streitigen Punkte sub a und b Rechtens ist?

II. Aufgabe
aus dem Zivilrechte.

Der in Blieskastel wohnhafte Ackerer X verheiratete sich nach dem im Jahre 1879 erfolgten Tode seiner ersten Ehefrau noch im selben Jahre zum zweitenmale. Vor Eingehung sowohl der ersten als der zweiten Ehe war ein Ehevertrag errichtet worden, durch welchen die Gütergemeinschaft auf die Errungenschaftsgemeinschaft beschränkt wurde. Die erste Ehefrau hatte ein im Ehevertrage zu 2100 fl. (3600 ℳ) abgeschätztes Mobiliarvermögen in die Ehe eingebracht. Aus dieser Ehe entstammte ein volljähriger Sohn. Eine Errungenschaft war während derselben nicht gemacht worden. Die zweite Ehefrau hatte ein im Ehevertrage zu 3000 ℳ abgeschätztes Mobiliareinbringen.

1. Im Monate Januar 1881 nahm X von A ein verzinsliches Darlehen von 2000 ℳ auf und er verpfändete in der hierüber errichteten Notariatsurkunde sowohl für die Hauptsumme als Accessorien vier ihm persönlich gehörige Grundstücke, welche er schon während der ersten Ehe besaß.
2. Schon vorher hatte er von B ein verzinsliches Darlehen von 1000 ℳ gegen Ausstellung eines Privatschuldscheins aufgenommen. Als B von der zu Gunsten des A ausgestellten Pfandverschreibung erfuhr, verlangte er Bürgschaft der Ehefrau des X, die auch gegeben wurde, und erwirkte in Kürze, nämlich im Juli 1881 auch ein Prorogationsurteil des K. Amtsgerichts Blieskastel, wodurch X und seine Ehefrau unter solidarischer Haftung zur Rückzahlung vorbezeichneter 1000 ℳ samt Accessorien verurteilt wurden.
3. Im Monat Dezember 1881 nahmen X und seine Ehefrau von C ein weiteres verzinsliches Darlehen von 2000 ℳ auf. In der hierüber errichteten Notariats-Urkunde erklärten sie sich samtverbindlich für Hauptsumme, Zinsen und Kosten haftbar, und verpfändeten gemeinsam obige vier Grundstücke nebst vier weiteren durch X seit Eingehung der zweiten Ehe angekauften Grundstücken.
4. Im Monate März 1882 nahmen X und seine Ehefrau abermals unter solidarischer Haftung ein verzinsliches Darlehen von 2000 ℳ und zwar von D auf. Hiefür verpfändeten sie in der errichteten Notariats-

urkunde dieselben Grundstücke, wie in der Pfandverschreibung vom Dezember 1881, und es subrogierte darin außerdem die Ehefrau des X den Gläubiger D ausdrücklich in die ihr als Ehefrau zustehende Legalhypothek.

Wegen der sämtlichen durch die vorgenannten Gläubiger A, B, C, D erworbenen Hypotheken wurde von denselben in demselben Monat, in welchem die betreffende Hypothek begründet wurde, in den Registern des K. Hypothekenamtes gehörige Inskription genommen.

Im Jahre 1883 ward die Subhastation gegen X und dessen Ehefrau betrieben, wobei sämtliche obbezeichnete Grundstücke sowie noch ein weiteres durch X im Jahre 1882 käuflich erworbenes Grundstück zwangsweise versteigert wurden. Dabei wurden für die dem X persönlich gehörigen vier Grundstücke zusammen 3000 ℳ für die vier nach Obigem vertragsmäßig verpfändeten gütergemeinschaftlichen Grundstücke zusammen 2500 ℳ und für das außerdem noch vorhanden gewesene gütergemeinschaftliche Grundstück 500 ℳ erlöst.

In dem nach der Zwangsversteigerung gepflogenen Verteilungsverfahren meldeten A, B, C, D ihre obbezeichneten Forderungen sämtlich an und es verlangten B, C, D Anweisung im Range der Legalhypothek der Ehefrau des X, welche mit diesem nach wie vor in Errungenschaftsgemeinschaft lebte, und zwar auf den Erlös sowohl der persönlichen Grundstücke des X als der gütergemeinschaftlichen Grundstücke.

Nachdem das Verteilungsverfahren beendigt und der Verteilungsplan abgeschlossen, sowie durch Auszahlung der zugewiesenen Beträge oder Erteilung von Erhebungsanweisungen an die betreffenden Gläubiger ausgeführt worden war, traten der ersteheliche Sohn des X mit seiner Forderung für obbezeichnetes mütterliches Vermögen, sowie Y, von welchem X die vier oben zuerst erwähnten gütergemeinschaftlichen Grundstücke erworben hatte, mit einer fälligen Restkaufpreisforderung von 1000 ℳ hervor und suchten für diese Forderungen Befriedigung zu erlangen.

Für beide Forderungen war in den Hypothekenamts-registern keinerlei Einschreibung genommen worden, weshalb auch an deren Inhaber im Subhastations- und Verteilungs-verfahren keinerlei Mitteilung oder Aufforderung ergangen war.

In dem zwischen X und Y errichteten notariellen Kauf-akte war bedungen worden, daß dem Y nicht blos das gesetzliche Kaufprivileg zustehen, sondern daß dieser auch berechtigt sein solle, im Falle der Kaufpreis bei seiner Fälligkeit ganz oder teilweise nicht bezahlt würde, den Kauf als von Rechtswegen aufgelöst zu erklären und das vertragsmäßige Wiederversteigerungsverfahren zu betreiben.

Es wäre nun unter kurzer Begründung anzugeben,

1. in welcher Weise und Reihenfolge der obige Versteigerungserlös unter die Gläubiger, welche im Verteilungsverfahren angemeldet haben, zu verteilen ist,
2. ob Y, sowie der erstehelíche Sohn des X wegen ihrer Forderungen sich lediglich an diesen halten können oder ob sie auch noch andere Mittel haben, um zu ihrer gänzlichen oder teilweisen Befriedigung zu gelangen, und welches etwa diese Mittel sind?

Praktischer Fall

aus dem Justizfache.

Aus nachstehenden Prozedurakten und nach Maßgabe der darin niedergelegten Bemerkungen ist ein landgerichtliches Urteil in der Form einer Ausfertigung mit allen vom Gesetze vorgeschriebenen inneren und äußeren Erfordernissen, sowie mit einer dem Gesetze entsprechenden Entscheidung abzufassen.

Zum Kgl. Landgerichte
Zweibrücken, Zivilkammer.

Klageschrift
für
Philipp Abel, Kaufmann, in Homburg wohnhaft
gegen
Margaretha Ebrech, ledige Rentnerin, in Homburg wohnhaft.

Klage auf Herausgabe von Immobilien betr.,
Wert 10,000 ℳ.

Der zu Homburg wohnhaft gewesene Kaufmann Georg Philipp Groh verstarb daselbst in ledigem Stande im Jahre 1873 mit Hinterlassung eines eigenhändigen Testamentes, worin er der Nichte des Klägers Luise Ebrech, ohne Gewerbe in Homburg wohnhaft, seine sämmtlichen im Banne und in der Gemeinde Homburg gelegenen Häuser und Güter vermachte. In diesem Testamente verfügte der Testator jedoch noch weiter, daß für den Fall, daß genannte Luise Ebrech unverheiratet vor ihrem Oheime, dem Kläger, versterben sollte, die ihm gehörigen Liegenschaften, wie sie unten beschrieben sind, dem Kläger als Erbe zufallen sollen.

Luise Ebrech ist nun am 1. Oktober 1880 in ledigem Stande in Homburg verstorben, die Beklagte — ihre Schwester — ihrerseits als Universalerbin hinterlassend kraft Testaments vor Notar Müller in Homburg vom Jahre 1879. Die Beklagte ist im Besitze der obenerwähnten, nunmehr dem Kläger als Erbe zugefallenen Immobilien und weigert sich unter nichtigen Vorwänden, diese Immobilien dem Kläger herauszugeben, weshalb letzterer zur Klage genötigt ist;

Aus diesen Gründen

gefalle es der Zivilkammer des K. Landgerichts Zweibrücken, die Beklagte als Universalerbin von Luise Ebrech zu verurteilen, an den Kläger die nachbeschriebenen Liegenschaften frei von allen Lasten oder Hypotheken, welche sie oder ihre Rechtsvorgängerin etwa auf dieselben gelegt haben könnten, zu Eigentum zu überlassen und über die bezogenen Nutzungen vom Tage der Anstellung dieser Klage an Rechnung zu stellen, endlich auch die Kosten dieses Rechtsstreits zu bezahlen.

Beschreibung der Liegenschaften:

Plan Nr. 923, 924a und b, ein Tagwerk 94 Dezimalen Fläche mit daraufstehendem Wohnhause nebst Hof und Garten, gelegen zu Homburg in der Eisenbahnstraße neben Johann Kreuz und Peter Kunz.

Kläger ladet die Beklagte zur mündlichen Verhandlung über vorstehende Klage zu dem angesetzten Termine vor die Zivilkammer des K. Landgerichtes Zweibrücken vor und fordert die Beklagte auf einen bei diesem Gerichte zugelassenen Rechtsanwalt zu bestellen.

Zweibrücken, 18. Oktober 1885.

Der Prozeßbevollmächtigte des Klägers.
Schlosser, Rechtsanwalt.

Zur mündlichen Verhandlung der Sache wird die öffentliche Sitzung der Zivilkammer des Kgl. Landgerichts Zweibrücken vom 2. Dezember 1885 bestimmt.

Zweibrücken, 19. Oktober 1885.

Der Vorsitzende der Zivilkammer.
Fuchs, Präsident.

Bemerkung: Die Klageschrift ist als in gesetzlicher Form am 21. Oktober 1885 der Beklagten zugestellt anzusehen.

Klagebeantwortung

für Margarethe Ebrech, ledige Rentnerin in Homburg wohnhaft, Beklagte, welche den Rechtsanwalt Friedrich Schneider in Zweibrücken zu ihrem Prozeßbevollmächtigten aufstellt,

gegen

Philipp Abel, Kaufmann, in Homburg wohnhaft, Kläger, vertreten durch Rechtsanwalt Schlosser.

Die Beklagte ist Testamentserbin der am 1. Oktober 1880 in ledigem Stande verstorbenen Nichte des Klägers Luise Ebrech laut deren notariellen Testaments vom 5. Oktober

1879. Dieser Luise Ebrech hatte der in Homburg verlebte Kaufmann Georg Philipp Groh laut olographischen Testaments vom 1. Juli 1873 seine sämtlichen in der Gemeinde und im Banne von Homburg gelegenen Häuser und Güter vermacht und sodann weiter verfügt, daß falls Luise Ebrech unverheiratet und vor ihrem Oheime, dem Kläger versterben sollte, folgende Immobilien, nämlich Wohnhaus mit Hof und Garten, zu Homburg an der Eisenbahnstraße gelegen, dem Kläger, seinem Freunde und bisherigen Associé anerfallen sollen. Ferner verfügte der Testator noch in Bezug auf diese Immobilien, daß Luise Ebrech, so lange sie unverheiratet sei, dieselben nicht veräußern dürfe, es sei denn aus Not zur Bestreitung des Lebensunterhalts, während sie mit dem übrigen vermachten Vermögen schalten und walten könne, wie mit ihrem Eigentume.

Der Testator Georg Philipp Groh hatte als Intestaterben seinen Vater und eine Schwester hinterlassen. Diese beiden erhoben seiner Zeit Klage gegen Luise Ebrech und gegen den heutigen Kläger, worin neben der Teilung des Nachlasses des Testators und dem Pflichtteile von diesem Nachlasse begehrt wurde, daß das der Luise Ebrech ausgesetzte Legat wegen der ihm beigefügten verbotenen Substitution samt dieser oder wenigstens bezüglich der mit der Substitution belasteten Grundstücke für nichtig erklärt werde.

Dieser Prozeß wurde durch Vergleich vor Notar Müller in Homburg vom 1. Dezember 1873 dahin erledigt, daß Vater Groh für seinen Anteil 4000 ℳ und seine Tochter 1000 ℳ erhielten, wogegen Luise Ebrech in den rechtlichen Besitz der ganzen Immobiliar-Erbmasse gesetzt wurde, indem ihr der ganze Immobiliarbestand der Erbmasse für Erb und Eigen überlassen wurde. Dieser Vergleich wurde nur zwischen dem Vater Groh und der Tochter einerseits und der verklagten Legatarin anderseits abgeschlossen, worauf auch der damaligen Klage gegen den heutigen Kläger keine weitere Folge mehr gegeben wurde.

Die Beklagte befindet sich nun im Besitze des Nachlasses

der Luise Ebrech und insbesondere auch der vom Kläger verlangten Liegenschaften. Allein sie bestreitet die heutige Klage als unbegründet, weil das Vermächtnis dieser Liegenschaften eine gesetzlich verbotene Substitution enthält. Alle Merkmale, welche die Jurisprudenz für den Begriff der verbotenen Substitution aufstellt, liegen hier vor: Das bedingte Vermächtnis, der Eigentumsübergang auf den beschwerten und die charge de conserver et de rendre.

Diese letztere charge wird auch dadurch nicht beseitigt, daß der Testator die Veräußerung der fraglichen Liegenschaften im Falle der Not gestattet hat.

Liegt aber eine verbotene Substitution vor, so kann Kläger aus dem bezüglichen Vermächtnisse keine Rechte auf die heute in Frage stehenden Liegenschaften ableiten und es muß seine Klage als unbegründet abgewiesen werden.

Aus diesen Gründen

gefalle es der Zivilkammer des K. Landgerichts, die erhobene Klage als unbegründet abzuweisen unter Verurteilung des Klägers zu den Prozeßkosten.

Zweibrücken, 1. November 1885.

Schneider, Rechtsanwalt.

Abschrift erhalten.

Zweibrücken, 2. November 1885.

Schlosser, Rechtsanwalt.

Erwiderung

auf die Klagebeantwortung

für

Philipp Abel, Kaufmann, in Homburg wohnhaft,

gegen

Margarethe Ebrech, ledige Rentnerin, in Homburg wohnhaft, vertreten durch Rechtsanwalt Schneider.

Mit Unrecht wird die zu Gunsten des Klägers getroffene testamentarische Verfügung als eine verbotene Substitution bezeichnet. Eine solche wird nicht präsumirt und wenn sich eine testamentarische Verfügung interpretieren läßt, ohne mit dem Art. 896 c. c. in Konflikt zu geraten, so muß dieser Interpretation der Vorzug gegeben werden, weil nach allgemeinen Rechtsgrundsätzen testamentarische Verfügungen möglichst aufrecht zu erhalten sind.

Nun läßt sich die fragliche Verfügung zunächst als ein bedingtes Legat auffassen. Es wird hier weniger auf die Bedingung des Versterbens der Legatarin vor ihrem Oheime, als auf die Bedingung des Versterbens in ledigem Stande verwiesen. Diese Bedingung läßt sich sowohl als Suspensiv = wie als Resolutivbedingung auffassen und es spricht für die Annahme eines bedingten Legats hauptsächlich der Umstand, daß der Erblasser selbst von einer Bedingung spricht.

In zweiter Linie — und dies würde dem Sinne und der Absicht des Testators mehr entsprechen — kann die Verfügung so ausgelegt werden, daß Luise Ebrech die Nutznießung in den fraglichen Immobilien haben solle und das Eigentum nur dann, wenn sie nicht in ledigem Stande vor dem Kläger versterbe. Dafür streitet der Ausdruck: mit dem übrigen Vermögen soll die Legatarin, wie mit ihrem Eigentume schalten und walten können. Der weitere Zusatz, wonach der Legatarin die Veräußerung im Falle der Not gestattet ist, beweist jedenfalls, daß keine unbedingte charge de conserver et de rendre auferlegt werden wollte.

Mit Rücksicht auf diese letztere Bestimmung kann die in Frage stehende testamentarische Verfügung auch als ein legatum de eo quod supererit, welches vollständig rechtsgiltig ist, betrachtet werden.

Abgesehen von der Frage der Giltigkeit der zu Gunsten des Klägers vom Erblasser Groh getroffenen testamentarischen Verfügung, ist die Beklagte gar nicht zulässig, diese Verfügung zu kritisieren, weil sie damit das Testament selbst kritisiret, welches allein den Titel ihres Besitzes abgibt. Liegt eine verbotene Substitution vor, so ist auch die Institution nichtig und das Legat der Immobilien zu Gunsten der Autorin der

Beklagten war gleichfalls nichtig. Die Beklagte entzieht sich also mit dem Einwande der verbotenen Substitution selbst den Titel für ihren Besitz. Zum Ueberflusse hat ihre Autorin auch noch das Testament in dem Vergleiche mit dem Vater und der Tochter Groh vom 1. Dezember 1873 ausdrücklich als rechtgiltig und zu Recht bestehend anerkannt. Durch diesen Vergleich hat das Testament auch in Bezug auf die heute als verbotene Substitution angefochtene Verfügung Wirksamkeit erhalten und es kann nicht angehen, daß Luise Ebrech, resp. ihre Rechtsnachfolgerin, das Testament, welches wie gesagt, ihren Titel bildet, selbst als nichtig anfechte. Haben auch Vater und Tochter Groh nur allein diesen Vergleich mit der Legatarin abgeschlossen, so waren sie doch negotiorum gestores für den Kläger, der ja mitverklagt war, und ist letzterer berechtigt, diesen Vergleich für sich anzurufen. Unter allen Umständen aber ist der Einwand, daß die zu Gunsten des Klägers getroffene Verfügung eine verbotene Substitution sei, verjährt. Der Erblasser verstarb schon im Jahre 1873 und nach Art. 1304 C. C. verjährt die Nichtigkeitsklage in zehn Jahren, welche bereits abgelaufen sind, so daß die Verjährung der Nullität heute vollendet ist.

Die der Klage entgegengesetzten Einwände erweisen sich daher als nicht begründet.

Aus diesen Gründen

gefalle es dem Kgl. Landgerichte, die erhobene Klage zuzusprechen mit Kosten.

Zweibrücken, 4. November 1885.

Schlosser, Rechtsanwalt.

Abschrift erhalten.

Zweibrücken, 5. November 1885.

Schneider, Rechtsanwalt.

Schriftsatz

für Margaretha Ebrech, ledige Rentnerin, in Homburg wohnhaft, Beklagte,

gegen

Philipp Abel, Kaufmann, in Homburg wohnhaft, Kläger, durch Rechtsanwalt Schlosser vertreten;

Die Erwiderung des Klägers auf die Klagebeantwortung nötigt die Beklagte noch zu folgenden Bemerkungen:

Die Behauptung, daß die in Frage stehende testamentarische Verfügung, auf welche die Klage gestützt wird, eine verbotene Substitution sei, wird aufrecht erhalten. Die Versuche des Klägers durch eine andere, gezwungene Interpretation dieser Verfügung eine andere rechtliche Natur aufzudrücken, müssen als mißlungen bezeichnet werden. Von einem bedingten Legate kann überhaupt angesichts des Inhalts der testamentarischen Verfügung nicht die Rede sein und die charge de conserver et de rendre wird durch die Erlaubnis, im Falle der Not zu veräußern, nicht beseitigt.

Der angerufene Vergleich steht den Beklagten nicht im Wege. Er enthält keinen Verzicht derselben, die Nichtigkeit der fraglichen Verfügung geltend zu machen, und was die Einrede der Verjährung der Nullität betrifft, so verweist Beklagte einfach auf den Rechtssatz: quae sunt temporalia ad agendum, perpetua sunt ad excipiendum.

Aus diesen Gründen

gefalle es dem Kgl. Landgerichte, die erhobene Klage abzuweisen mit Kosten.

Zweibrücken, 6. November 1885.

Schneider, Rechtsanwalt.

Abschrift erhalten.

Zweibrücken, 6. November 1885.

Schlosser, Rechtsanwalt.

Bemerkung: Bei der mündlichen Verhandlung der Sache brachten die Vertreter der Parteien, indem sie die in Betracht kommenden Urkunden, soweit nötig verlasen, im

Wesentlichen die in den Schriftsätzen entwickelten thatsächlichen und rechtlichen Gesichtspunkte vor, und nahmen die aus den Schriftsätzen hervorgehenden Anträge.

Aktenstücke.

Bei den Akten des Klägers befindet sich eine von Notar Bauer in Zweibrücken beglaubigte Abschrift einer Urkunde, errichtet vor genanntem Notare am 1. September 1873 über die nach erfolgter Präsentation des nachverzeichneten eigenhändigen Testaments vor dem K. Landgerichtspräsidenten in Zweibrücken geschehene Hinterlegung dieses Testaments im Archive des gedachten Notars, sowie des Testaments selbst.

Letzteres lautet wörtlich:

Eigenhändiges Testament.

Ich, der unterschriebene Georg Philipp Groh, Kaufmann, zu Homburg wohnhaft, verfüge für den Fall meines Todes folgendes:

1. Meine sämtlichen, in der Gemeinde und im Banne von Homburg gelegenen Häuser und Güter vermache ich der Luise Ebrech, ohne Gewerbe, ledig in Homburg wohnhaft.
2. Für den Fall jedoch, daß genannte Luise Ebrech unverheirathet vor ihrem nachgenannten Oheime Philipp Abel versterben sollte, verfüge ich, daß nach ihrem Tode folgende Liegenschaften, nämlich Plan Nr. 923 und 924a und b, ein Tagwerk 94 Dezimalen mit daraufstehendem Wohnhause nebst Hof und Garten, gelegen zu Homburg in der Eisenbahnstraße neben Johann Kreuz und Peter Kunz diesem meinem Freunde und bisherigen Associé Philipp Abel, Kaufmann in Homburg, als Erbe zufallen sollen.
3. Mit den ihr vermachten Objekten soll Luise Ebrech, wie mit ihrem Eigentume schalten und walten können und nur die oben näher bezeichneten Immobilien Plan Nr. 923 und 924a und b, soll sie, solange sie unverehelicht ist, laut obiger Bedingung nicht veräußern dürfen. Diese Bedingung fällt jedoch weg, wenn bewiesen werden

kann, daß die Veräußerung zum Lebensunterhalte nötig ist, welcher Fall jedoch, wie ich hoffe, nicht eintreten wird.

4. Mein gesammter übriger Nachlaß, Mobilien, wie Immobilien, soll meinen gesetzlichen Erben nach Maßgabe der gesetzlichen Anteile zufallen.

Dieses ist mein letzter Wille, welchen ich eigenhändig hier niedergeschrieben habe.

Homburg, den 1. Juli 1873.

Georg Philipp Groh.

Vergleich:

Heute den ersten Dezember 1873 vor dem unterzeichneten Ernst Müller, Kgl. Notar mit dem Amtssitze in Homburg, auf dessen Amtsstube daselbst in Gegenwart der Zeugen Franz Klein und Karl Groß, beide Schneider, zu Homburg wohnhaft, sind erschienen:

Georg Groh, Gerber, in Homburg wohnhaft, und

Elise Groh, ledige und volljährige Tochter des Vorgenannten, ohne Gewerbe, gleichfalls in Homburg wohnhaft,

— einerseits —

und Luise Ebrech, ledig und volljährig, ohne Gewerbe, in Homburg wohnhaft,

— anderseits —

welche Comparenten erklärten:

Der Sohn des Comparenten Georg Groh, nämlich der zu Homburg in ledigem Stande verlebte Kaufmann Georg Philipp Groh, habe laut olographischen Testaments vom 1. Juli 1873 seine sämtlichen in der Gemeinde und im Banne von Homburg gelegenen Häuser und Güter der Comparentin Luise Ebrech vermacht und sodann verfügt, daß falls Luise Ebrech unverheiratet und vor ihrem Oheime, dem in Homburg wohnenden Kaufmanne Philipp Abel versterbe, sein zu Homburg in der Eisenbahnstraße gelegenes Wohnhaus mit Hof und Garten dem genannten Philipp Abel anerfallen solle, während der gesamte übrige Nachlaß, Mobilien, wie Immobilien den gesetzlichen Erben nach Maßgabe der gesetzlichen Anteile zufallen solle.

Vater Groh habe nun in Gemeinschaft mit der Comparentin Elise Groh eine Klage gegen die Legatarin Luise Ebrech und vorgenannten Philipp Abel auf Vernichtung des der ersteren ausgesetzten Legats als eine verbotene Substitution enthaltend, auf Teilung des Nachlasses des Testators Georg Philipp Groh und eventuell auf Auslieferung des Pflichtteils vor dem Kgl. Bezirksgerichte Zweibrücken erhoben. Dieser Prozeß sei nun aber unter ihnen durch einen Vergleich beendigt, welcher, wie folgt, lautet und beurkundet wird:

1. Comparent Vater Georg Groh erhält für alle seine Anspüche an den Nachlaß seines vorgenannten verlebten Sohnes die Summe von viertausend Mark.

2. Ebenso erhält Comparentin Elise Groh für alle ihre Ansprüche an besagten Nachlaß die Summe von eintausend Mark.

3. Beide so eben genannten Comparenten sind damit für ihre gesamten Ansprüche an den Nachlaß ihres verlebten Sohnes resp. Bruders vollständig befriedigt, und erklären keine weiteren mehr geltend zu machen.

4. Comparentin Luise Ebrech erhält hingegen den rechtlichen Besitz der ganzen Immobiliarerbmasse und verbleibt in demselben wie er ihr durch das erwähnte Testament vermacht ist, ohne daß weitere Erbansprüche gegen sie geltend gemacht werden können.
   Ein weiterer Mobiliarnachlaß ist nicht vorhanden.

5. Der Eingangs bezeichnete Prozeß ist hiemit unter den Comparenten beendigt und erloschen.

6. Die beiden sub 1 und 2 oben bezeichneten Beträge haben die berechtigten Georg Groh und Elise Groh so eben baar und richtig erhalten und erteilen der Comparentin Luise Ebrech hierüber Quittung.

Hierüber Akt, errichtet am Tage wie oben und nach geschehener Vorlesung von den Comparenten, den Zeugen und dem Notare unterschrieben.

Unterschrieben sind: Groh, Elise Groh, Luise Ebrech, Klein, Groß und Müller Notar.

Einregistriert zu Zweibrücken ....

(folgt die Einregistrirungsrelation:)

Für gleichlautende Unterschrift:

Müller, Notar.

Fragen
aus dem katholischen Kirchenrechte.

1. Die confessionell gemischte politische Gemeinde A leistete bisher seit unvordenklicher Zeit zum Gehalt des katholischen Pfarrers fassionsmäßig 200 fl. Ueber die Entstehung dieser Leistung ist keine Urkunde und überhaupt kein Beweismittel vorhanden.

Im Januar 1885 beschloß der Gemeinderat A, diese 200 fl. für das Jahr 1885 und überhaupt in Zukunft nicht mehr zu bezahlen und den pro 1884 schon gezahlten Betrag zurückzuverlangen. Die Gemeinde habe nämlich nur bis zum Jahre 1884 Überschüsse gehabt, seitdem habe sie nicht nur keine Überschüsse, sondern müsse wegen eines Schulhausbaues ꝛc. auf voraussichtlich lange Zeit Umlagen erheben. Die Gemeinde sei nach keinem Gesetz verpflichtet und nach Art. 44 der Gemeinde-Ordnung nicht einmal berechtigt, zum Pfarrgehalt einen Beitrag zu leisten.

Nach Mitteilung dieses Beschlusses an den Fabrikrat führte derselbe Beschwerde, betonte die Armut der Kirche und bestritt, daß die Gemeinde berechtigt sei, diesen langjährigen und in der Fassion vorgetragenen Beitrag zurückzuziehen. Eventuell müsse der Staat diesen Beitrag zum

Pfarrgehalt leisten; bis aber der Staat diesen Zuschuß übernommen habe, müsse ihn die Gemeinde weiter leisten. Jedenfalls sei die Zurückforderung der pro 1884 schon bezahlten 200 fl. unzulässig. Der Pfarrer stellte überdies die Bitte, durch ein Provisorium anzuordnen, daß ihm fragliche 200 fl. bis zur definitiven Entscheidung der Streitfrage aus der Gemeindekasse A wie bisher ausbezahlt werden, da er auf seinen Gehalt angewiesen sei.

Der Gemeinderat A, über letztere Bitte vernommen, protestirte gegen ein solches Provisorium.

Wer hat über die Streitfrage zu entscheiden, wie ist zu entscheiden und aus welchen Gründen?

Angenommen die Gemeinde A brauche fraglichen Gehaltsteil nicht weiter zu bezahlen, muß die Staatskasse ihn übernehmen? und bejahendenfalls auf welche Art ist zu bewirken, daß dies geschieht?

2. Dem Pfarrer B zu X in der Pfalz wurde am 1. November 1884 die Patronatspfarrei Y im rechtsrheinischen Bistum Z übertragen. Am 9. Januar 1885 wurde er in Y instituiert. Bis 7. Januar versah er auftragsgemäß die Pfarrei X als Administrator fort und erhielt für die Zeit vom 1. November 1884 bis 7. Januar 1885 die übliche Administrationsgebühr. Die übrigen Erträgnisse der Pfarrei X flossen nach den im Bistum Speyer geltenden Bestimmungen in den Emeritenfond.

Im Bistum Z besteht die Vorschrift, daß ein Pfarrer nicht schon vom Tage seiner Ernennung, sondern erst vom Tage seiner Instituierung, auf die Einkünfte der Pfarrei berechtigt ist. Die erledigte Pfarrei Y wurde durch einen besonders aufgestellten Verweser C bis 9. Januar 1885 versehen und diesem bei seiner Aufstellung (September 1884) der ganze Ertrag der Pfarrei als Remuneration bewilligt.

Pfarrer B führt Beschwerde, daß er für die Zeit vom 1. Oktober 1884 bis 7. Januar 1885 nur die geringe Administrationsgebühr erhalte und bittet, daß ihm für fragliche

Zeit die ganzen Erträgnisse entweder der Pfarrei X oder der Pfarrei Y zugewiesen, bezw. vergütet werden.

Die Verwaltung des Emeritenfonds der Diözese Speyer und der Verweser C verweigern jede Rückzahlung.

Es ist die kurz motivierte Entscheidung der competenten Behörde zu entwerfen.

3. Ein Pfarrer hat sich durch verschiedene Handlungen, welche aber den Thatbestand eines strafrechtlich verfolgbaren Reates nicht bieten, durch eigene Schuld auf seiner Pfarrei, beziehungsweise in deren Pastoration, dauernd unmöglich gemacht. Er wurde aufgefordert, ein Versetzungsgesuch einzureichen oder auf seine Pfründe zu resignieren, weigert sich aber, eines oder das andere zu thun. —

Welche Mittel stehen der weltlichen Behörde zu Gebote, gegen ihn einzuschreiten, beziehungsweise Abhilfe zu schaffen?

Frage
aus dem protestantischen Kirchenrechte.

Die Protestanten der politischen Gemeinden Morschbach, Urbenheim und Oberhausen bilden die Pfarrei Morschbach. Dabei bilden die Protestanten der Gemeinde Morschbach einerseits und die Protestanten der Gemeinden Urbenheim und Oberhausen zusammen anderseits je eine Kultusgemeinde.

Jede dieser beiden Kultusgemeinden hat ihr besonderes Presbyterium. In Morschbach und in Urbenheim befinden sich seit unvordenklicher Zeit je eine Kirche und seit 1878 haben sich auch die Protestanten der Gemeinde Oberhausen, meist arme Leute, mit staatlicher und privater Unterstützung eine Kirche erbaut, welche Eigentum der aus den Protestanten von Urbenheim und Oberhausen bestehenden Kultusgemeinde ist.

Im Laufe des Jahres 1884 sind nun folgende Streitpunkte aufgetaucht:

1. In den drei, in gutem Zustande befindlichen Kirchen der Pfarrei soll die Kirchenheizung eingeführt werden, wie die zwei Presbyterien einstimmig beschlossen haben. Der nicht zu beanstandende Kostenanschlag beläuft sich auf 1000 ℳ.

Die beim Mangel jeden Kirchenvermögens zur Beschlußfassung über die nötige Umlage getrennt zusammengetretenen, nach dem Umlagengesetze vom 17. November 1837 gesetzlich verstärkten Gemeinderäte der drei Gemeinden verweigerten am 1. November 1884, jeder Gemeinderat einzeln mit Mehrheitsbeschluß, die Bewilligung der Umlage. Die Weigerung war damit begründet, daß die Ausgabe nicht nötig, und daß sie überhaupt gesetzlich nicht erzwingbar sei.

Die beiden Presbyterien nahmen hieraus Anlaß, bei dem Bürgermeisteramte Morschbach — die drei Gemeinden bilden die Bürgermeisterei Morschbach — zu beantragen, daß die gesetzlich verstärkten Gemeinderäte der drei Gemeinden in gemeinschaftlicher Versammlung über die Umlage in Beratung treten möchten. Das Bürgermeisteramt willfahrte diesem Antrage und in der gemeinschaftlichen Sitzung der drei Gemeinderäte vom 1. Dezember 1884 wurde mit einer kleinen Stimmenmehrheit die Umlage beschlossen.

Nunmehr liefen mehrere Proteste von Protestanten der drei Gemeinden gegen das Kirchenheizungsprojekt bei dem den drei Gemeinden vorgesetzten Bezirksamte ein.

Wer entscheidet in der Sache in erster Instanz, wie hat die Entscheidung zu lauten und wie ist sie zu begründen?

2. Nachdem die Kirche in Oberhausen erbaut war, handelte es sich darum, den Pfarrer in Morschbach dafür zu gewinnen, daß er auch in Oberhausen Gottesdienst abhalte. Eine Verpflichtung lag dem Pfarrer nicht ob und die beiden Presbyterien lehnten jede Einmischung ab.

Bei diesem Stande der Sache rief der protestantische Adjunkt der Gemeinde Oberhausen die Protestanten seiner Gemeinde unter Anwendung der Bestimmungen der Gemeinde-

Ordnung (Art. 79—81) zu einer Gemeindeversammlung zusammen. Alle waren erschienen und die Mehrheit sprach sich unterm 20. Juni 1884 dafür aus, daß dem Pfarrer von Morschbach dafür, daß er jährlich sechsmal in Oberhausen Gottesdienst halte, eine auf die Steuer der Protestanten in Oberhausen auszuschlagende Entschädigung von jährlich 100 ℳ gewährt werde. Hiermit erklärte sich der Pfarrer einverstanden.

Die am 28. Juni 1884 zur Beschlußfassung über die erforderliche Umlage je einzeln zusammengetretenen, gesetzlich verstärkten Gemeinderäte der Gemeinden Morschbach und Urbenheim verweigerten einstimmig die Bewilligung einer Umlage, obgleich dieselbe nur die Protestanten von Oberhausen treffen sollte.

Der gesetzlich verstärkte Gemeinderat von Oberhausen dagegen bewilligte mit Mehrheitsbeschluß die Umlage.

Das Presbyterium von Urbenheim wendete sich nunmehr, gegen die beschlossene Umlage Beschwerde führend, an das kgl. Bezirksamt.

Wer entscheidet über die Sache in erster Instanz, wie hat die Entscheidung zu lauten und wie ist sie zu begründen?

3. Bis zum Jahre 1805 bildeten die zwei in Frage stehenden Kultusgemeinden nur eine Kultusgemeinde. In dem genannten Jahre wurden sie durch Entscheidung der zuständigen Behörde in zwei Kultusgemeinden getrennt, wie sie heute noch bestehen. Wie schon bemerkt, ist rentierendes Kirchenvermögen nicht vorhanden, so daß alle Ausgaben durch Kultus-Umlagen gedeckt werden müssen.

Ungeachtet dieser Trennung haben die beiden Kultusgemeinden bis heute eine gemeinschaftliche Rechnung und einen gemeinschaftlichen Voranschlag.

Unterm 1. August 1884 stellte das Presbyterium der Kultusgemeinde Morschbach Antrag auf Trennung in der Weise, daß vom 1. Januar 1885 an jede Kultusgemeinde ihre eigene Rechnung und ihren eigenen Voranschlag haben soll, während das Presbyterium von Urbenheim-Oberhausen laut Beschluß vom 15. August 1884 die Vereinigung beibehalten wissen will.

Der Pfarrer, welcher sich ebenfalls für Trennung ausspricht, ging das Bürgermeisteramt um Vernehmung der nach dem Gesetze vom 17. November 1837 verstärkten Gemeinderäte der drei Gemeinden an. Diese sprachen sich ebenfalls, jeder Gemeinderat für sich und mit Einstimmigkeit in jedem einzelnen Gemeinderate für die Trennung aus.

Erläuternd muß noch beigefügt werden, daß die Gesammtsumme der in beiden Kultusgemeinden nötigen Umlagen in der Regel jährlich ohne Ausscheidung auf die Gesamtsteuer des ganzen Pfarrsprengels ausgeschlagen wird.

Wer hat in der Sache in erster Instanz zu entscheiden, wie ist die Entscheidung zu treffen und zu begründen?

Praktische Aufgabe
aus dem Bereiche der inneren Verwaltung.

I.

Das k. Staatsärar besitzt im Gemeindebezirke L, k. Bezirksamtes Germersheim, eine ausgedehnte Waldung Plan Nr. 945 und 946. Auf Grund eines zwischen dem Besitzvorfahrer des k. Aerars und der Gemeinde L im Jahre 1775 nach vorausgegangenem Rechtsstreit abgeschlossenen gerichtlichen Vergleiches war das k. Aerar bis zum Jahre 1882 verpflichtet, aus der genannten Waldung an die Gemeinde L alljährlich (nach neuerem Maße) 270 Ster Brennholz zum Zwecke der Verteilung unter die Gemeindebürger abzugeben. Durch notariellen Vertrag vom 14. Dezember 1882 wurde nun das Forstrecht der Gemeinde L, soweit es sich auf die Staatswald-Abteilung Pl. Nr. 946 bezog, gegen eine Barzahlung von 9000 ℳ abgelöst und bestimmt, daß das k.

Aerar vom Jahre 1883 an aus der Waldung Pl. Nr. 945 jährlich nur mehr 180 Ster an die Gemeinde L abzugeben habe.

Über die Teilnahme der Gemeindeangehörigen an den Nutzungen dieses Forstrechtes der Gemeinde L entstanden in neuerer Zeit mehrfache Differenzen.

1. Die ledige Maria Oppel, welche von ihrem im Jahre 1884 verstorbenen Vater das Anwesen Haus-Nr. 10 zu L. ererbt hat und dasselbe nun selbst bewirtschaftet, nimmt einen ganzen Anteil, d. i. einen gleichen Anteil wie die Gemeindebürger, in Anspruch; die Gemeinde gesteht ihr aber nur einen halben Teil zu.
2. Michael Ruppert hat im Januar 1884 das Anwesen Hs.-Nr. 15 in L käuflich erworben und sich dort wohnlich niedergelassen. Bei der im Februar 1885 erfolgten Verteilung des Forstrechtholzes nahm derselbe einen Anteil in Anspruch; der Gemeinderat verweigerte ihm aber solchen wegen mangelnden Heimatrechtes.
3. Der Meierhof, welcher früher der Gemeinde K zugehört hatte, wurde durch Entschließung des k. Staatsministeriums des Innern vom 15. November 1884 auf Grund des Art. 4 Abs. 2 der Gemeindeordnung für die Pfalz vom 29. April 1869 vom 1. Januar 1885 an der Gemeinde L einverleibt. Der Besitzer dieses Meierhofes, Christian Rolf, welcher bis dahin in der Gemeinde K heimatberechtigt und Gemeindebürger war, bat nun bei der Holzverteilung der Gemeinde L im Februar 1885 um Zuweisung eines Anteiles, wurde aber vom dortigen Gemeinderate abschlägig beschieden.
4. Der Preis für die im Jahre 1882 erfolgte Ablösung des auf dem Staatswalde Pl. Nr. 946 lastenden gemeindlichen Forstrechtes im Betrage von 9000 ℳ wurde vom Gemeinderate L für Rechnung der Gemeinde verzinslich angelegt; die Zinsen flossen seitdem in die Gemeindekasse. 20 Gemeindebürger, Friedrich Knoll und Genossen stellten nun, nachdem frühere münd-

liche bezügliche Anregungen kein Gehör gefunden hatten, in einer an den Gemeinderat gerichteten schriftlichen Vorstellung vom 10. Oktober 1884 den förmlichen Antrag, den jährlichen Zinsertrag des Ablösungskapitals zu 9000 ℳ unter die Gemeindenutzungsberechtigten zu verteilen.

Der Gemeinderat L faßte jedoch unterm 12. Dezember 1884 abweisenden Beschluß, welcher dem Friedrich Knoll und Genossen am 14. desselben Monats eröffnet wurde.

Friedrich Knoll und Genossen wandten sich nun mittels Vorstellung vom 5. Januar 1885 an das k. Bezirksamt Germersheim mit der Bitte, über ihren Anspruch zu verhandeln und zu entscheiden.

Auch die oben unter Ziffer 1 bis 3 Genannten, Maria Oppel, Michael Ruppert und Christian Rolf, machten ihre Ansprüche beim k. Bezirksamte geltend und baten um Verhandlung und Entscheidung über dieselben.

II.

Das k. Bezirksamt Germersheim beraumte zur mündlichen Verhandlung über die vorstehend erwähnten Ansprüche Tagfahrt auf den 18. März 1884 an und lud zu derselben die sämtlichen Antragsteller sowie den Gemeinderat L vor.

Zur Verhandlung fanden sich ein:

1. Der Bürgermeister Andreas Meier von L, versehen mit Vollmacht des Gemeinderates;
2. Maria Oppel, verbeistandet durch Rechtsanwalt Kraft, und Michael Ruppert; ferner für Christian Rolf dessen legal bevollmächtigter Vertreter Rechtsanwalt Keil; endlich für Friedrich Knoll und Genossen der Rechtsanwalt Kolb, versehen mit beglaubigter schriftlicher Vollmacht zur Vertretung seiner Auftraggeber in allen Instanzen.

Das Ergebnis der Verhandlung ist folgendes:

I. Maria Oppel begründete ihren Anspruch durch den Hinweis auf Art. 25 der Gemeindeordnung, wonach sie, da sie in der Gemeinde heimatberechtigt und ansässig sei, Anspruch auf gleichheitliche Teilnahme an den Gemeindenutzungen habe.

Dieselbe bat: unter Verurteilung der Gemeinde L in die Verhandlungskosten auszusprechen, daß die genannte Gemeinde ihr Recht auf Gewährung eines ganzen Anteiles an den jährlichen Brennholzabgaben aus dem Staatswalde anzuerkennen und ihr demzufolge, nachdem sie bei der im Februar dss. Js. erfolgten Holzverteilung nur einen halben Anteil zu 1½ Ster erhalten habe, die andere Hälfte oder den Wert derselben zu 7 ℳ nachträglich zu verabreichen habe.

Bürgermeister Meier übergab beglaubigte Ausfertigung des zwischen der Gemeinde L und dem damaligen Besitzer der nunmehrigen Staatswaldung Plan Nr. 945 und 946 abgeschlossenen gerichtlichen Vergleiches vom 23. September 1775, inhaltlich dessen der Gemeinde L das Recht zuerkannt wurde, aus den jetzt mit Pl. Nr. 945 und 946 bezeichneten Waldungen „zum Zwecke der Verteilung an die Gemeindebürger“ eine alljährliche Abgabe von (umgerechnet in das geltende Maß) 270 Ster Brennholz zu fordern.

Dabei erörterte Bürgermeister Meier:

Der Kreis der Gemeindenutzungsberechtigten sei in Bezug auf die fragliche Brennholzabgabe durch einen besonderen Rechtstitel, d. i. durch die Bestimmung des Vergleiches vom Jahre 1775, abweichend von der allgemeinen gesetzlichen Regel begrenzt, so zwar, daß nur Gemeindebürger Anspruch auf Teilnahme hätten. Daneben hätte sich ein Herkommen, welches gemäß Art. 31 des Heimatgesetzes vom 16. April 1868 zu beachten sei, dahin ausgebildet, daß den verwitweten und den ledigen Anwesensbesitzerinnen der Gemeinde ein halber Anteil gebühre.

Übrigens könnte Maria Oppel — eventuell bemerkt — doch keinesfalls für das Jahr 1885 nachträgliche Ersatzleistung beanspruchen, da sie das elterliche Anwesen erst infolge des im Dezember 1884 erfolgten Ablebens ihres Vaters ererbt habe und sohin zur Zeit der für 1885 im Februar d. Js. erfolgten Holzverteilung noch kein volles Jahr hindurch Besitzerin eines eigenen Herdes gewesen sei.

Die Wertsangabe von 7 ℳ für $1^1/_2$ Ster Brennholz sei nicht zu beanstanden.

Es wurde gebeten: unter Verurteilung der Maria Oppel in die Kosten des Verfahrens zu erkennen, daß derselben nur ein halber Anteil an den Brennholzabgaben aus dem Staatswalde zukomme, und daß sie die beanspruchte Entschädigung nicht zu fordern habe.

Maria Oppel entgegnete:

Unter Bürgern im Sinne der zur Zeit des Vergleichsabschlusses v. J. 1775 üblichen Auffassung seien alle Gemeindeangehörigen zu verstehen, und zu diesen gehöre sie.

Das behauptete Herkommen bestehe nicht zu Recht. Art. 31 des Heimatgesetzes sei, soweit derselbe auf Herkommen verweise, durch die Bestimmungen in Art. 25 der später erlassenen Gemeindeordnung aufgehoben. Aus den bezüglichen Verhandlungen im Sozialgesetzgebungsausschusse der Kammer der Abgeordneten (Abth. II. S. 684) sei zu entnehmen, daß man absichtlich von der Aufnahme einer auf das Herkommen bezüglichen Bestimmung (im Sinne des Atr. 32 der rechtsrheinischen Gemeindeordnung) abgesehen habe.

Aber selbst wenn die erwähnte Bestimmung in Art. 31 des Heimatgesetzes nicht aufgehoben sei, so käme ihr doch schon deshalb keine rechtliche Wirkung zu, weil sich unter der Herrschaft der vor 1868 geltenden Gesetzgebung ein rechtliches Herkommen in fraglicher Richtung gar nicht habe bilden können.

Im Uebrigen sei sie schon von Kindheit auf in L wohnhaft, und was den Anwesensbesitz betreffe, so seien die Worte des Art. 25 der Gemeindeordnung: „seit Jahresfrist“ auf den Satz: „und einen eigenen Herd besitzen“ nicht zu beziehen; eventuell müßte ihr die Zeit des Vorbesitzes ihres Vaters angerechnet werden.

2. Michael Ruppert gibt zwar zu, daß er in L nicht heimatberechtigt ist, behauptet aber, daß darauf gar nichts ankomme. Er sei Besitzer eines häuslichen Anwesens in L und sei als solcher „Bürger“ im Sinne des Vergleiches v. J. 1775. Auch hätten seine Vorbesitzer je und je an den Holzabgaben aus dem Staatswalde teilgenommen.

Er bitte hiernach:

ihm das Recht auf einen Anteil an den jährlichen Holzabgaben aus dem Staatswalde zuzuerkennen und der Gemeinde L für 1885 die nachträgliche Lieferung von 3 Ster Brennholz oder die Entrichtung einer Entschädigung von 14 ℳ aufzuerlegen und die Gemeinde in die Kosten des Verfahrens zu verurteilen.

Bürgermeister Meier erklärte:

Ohne Heimatrecht sei nach der neueren wie nach der älteren Gesetzes- und Rechtssprache kein Bürgerrecht denkbar. Auch im Sinne des Vergleiches v. J. 1775 könne eine Person, die in L nicht heimatberechtigt sei, nicht als Bürger der Gemeinde gelten. Daß die Vorbesitzer des Ruppert an den Holzabgaben teilgenommen, sei nicht zu bestreiten. Dieselben seien aber auch alle in der Gemeinde heimatberechtigt gewesen. Ueberhaupt sei ihm — dem Bürgermeister — kein Fall bekannt, in welchem ein Anwesensbesitzer von L nicht auch die Heimat daselbst besessen hätte.

Es werde gebeten:

den Antrag des Michael Ruppert unter Verurteilung desselben in die Kosten abschlägig zu bescheiden.

3. Der Vertreter des Meierhofbesitzers Christian Rolf, Rechtsanwalt Keil, brachte vor:

Rolf sei infolge der Zuteilung des Meierhofes zur Gemeinde L in dieser Gemeinde heimatberechtigt und Bürger geworden und sei daher gemäß Art. 25 der Gemeindeordnung zur Teilnahme an den dortigen Gemeindenutzungen berechtigt. Es handle sich hier nicht etwa um Nutzungsrechte, welche mit dem Besitze bestimmter Anwesen verbunden seien, sondern lediglich um im Gemeindeverbande wurzelnde an der Person haftende Ansprüche.

Rolf habe durch die Zuteilung seines Anwesens zur Gemeinde L das Recht auf Teilnahme an den Gemeindenutzungen der Gemeinde K verloren. Er habe hierüber beim Gemeinderat K vor Kurzem noch besonders Anfrage gestellt und von diesem den schriftlichen Bescheid erhalten, daß er (Rolf) des Rechtes auf fernere Teilnahme an den Gemeindenutzungen in K infolge der Gemeindebezirksänderung verlustig geworden sei.

Das bezügliche Schreiben des Gemeinderates K vom 12. März 1885, welches den angegebenen Inhalt wirklich hat, wurde zu den Akten übergeben.

Ueberdieß sei die Vereinigung des Meierhofes mit der Gemeinde L unter ausdrücklicher Zustimmung der letzteren erfolgt.*)

Es wurde gebeten:

das Recht des Meierhofbesitzers Rolf auf Teilnahme an den Nutzungen des gemeindlichen Forstrechtes am Staatswald anzuerkennen und die

*) Diese Angabe findet ihre Bestätigung in den bezüglichen bezirksamtlichen Akten. In Ansehung des Gemeindevermögens wurde bei den Verhandlungen über fragliche Gemeindebezirksänderung nichts vereinbart.

Gemeinde zur nachträglichen Verabreichung von 3 Ster Brennholz oder einer Entschädigung von 14 ℳ für das Jahr 1885, sowie zur Tragung der Verhandlungskosten zu verurteilen.

Von Seite des Bürgermeisters Meier wurde entgegnet:

Inhaberin (berechtigtes Subjekt) des fraglichen Forstrechtes sei bis Ende 1884 zweifellos die Gemeinde L in ihrem damaligen Bestande gewesen; ihr sei das Forstrecht durch gerichtlichen Vergleich zugestanden worden. An diesem vermögensrechtlichen Verhältnis habe sich infolge der Vereinigung des Meierhofes mit der genannten Gemeinde nichts geändert. Der letzteren (in ihrem bisherigen Bestande) sei vielmehr gemäß Art. 5 Abs 2 der Gemeindeordnung ihr ausschließendes Recht verblieben, weßhalb denn auch der Meierhofbesitzer eine Teilnahme an den Nutzungen dieses Rechtes nicht beanspruchen könne.

Es werde daher gebeten:

den Antragsteller Rolf unter Verurteilung in die Kosten des Verfahrens abzuweisen.

Der Vertreter des Rolf erwiderte hierauf:

Eigentümerin des Gemeindevermögens (einschließlich des dazu gehörigen Forstrechtes) sei nach wie vor dem 1. Januar 1885 die politische Gemeinde L als juristische Persönlichkeit; letztere habe durch die Vereinigung des Meierhofes mit dem Gemeindebezirke in ihrem Wesen keine Aenderung erlitten. Der Absatz 2 des Art. 5 der Gemeindeordnung stehe, wenn man ihn im Zusammenhange mit Abs. 1 auffasse, dieser Anschauung keineswegs entgegen und finde auf den vorliegenden Fall keine Anwendung.

Bürgermeister Meier bemerkte schließlich noch, nach dieser Darlegung stelle sich der Anspruch des Rolf als ein Anspruch auf Vermögensgemeinschaft dar und gehöre der Streit hierüber zur Zuständigkeit der Gerichte.

4. Rechtsanwalt Kolb begründete den Rechtsanspruch seiner Vollmachtgeber Friedrich Knoll und Genossen durch den Hinweis auf den bekannten Rechtssatz: „pretium succedit in locum rei.“ An Stelle des abgelösten Forstrechtes an der Staatswaldung Pl.-Nr. 946 sei der Ablösungsschilling getreten, gegenüber welchem nunmehr die Nutzungsrechte der Gemeindenutzungsberechtigten in gleicher Weise sich geltend machten, wie zuvor gegenüber dem gemeindlichen Forstrechte. Ueberdieß ergebe sich die Begründung des von Knoll und Genossen erhobenen Anspruches auch aus dem Vergleiche vom 23. September 1775, insoferne nach dem bestimmten Wortlaute desselben das Forstrechtsholz den Gemeindebürgern zukommen solle.

Für Knoll und Genossen als Minderbesteuerte sei es mit einem erheblichen finanziellen Nachteile verknüpft, wenn der Zinsertrag des Ablösungskapitales der Gemeindekasse zufließe. Auf das Ablösungskapital selbst wollten zwar Knoll und Genossen keinen Anspruch erheben, dagegen werde Namens derselben gebeten:

> auszusprechen, daß sich die Nutzungsrechte der Gemeindenutzungsberechtigten auch auf den Zinsertrag des mehrerwähnten Ablösungskapitales erstrecken und daß die Gemeinde L die Kosten des Verfahrens zu tragen habe.

Bürgermeister Meier berief sich dem gegenüber auf Art. 24 Abs. 3 der Gemeindeordnung. Hiernach sei eine Verteilung von Ueberschüssen unstatthaft, nachdem in der Gemeinde L Jahr für Jahr bedeutende Gemeindeumlagen erhoben würden und letztere auch in den Jahren 1883 und 1884 noch gegen 150% des Steuersolles betragen hätten.

Übrigens stelle sich die Beschwerde des Knoll und Genossen im Hinblick auf Art. 93 Abs. 2 der Gemeindeordnung als verspätet dar.

Es werde um Abweisung der Beschwerdeführer

und um Verurteilung derselben in die Kosten des Verfahrens gebeten.

III.

Aus der Durchsicht der vorhandenen Gemeinderechnungen von L und der Rechnungsbelege durch das k. Bezirksamt Germersheim ergab sich, daß erst vom Jahre 1844/45 an den Rechnungsbelegen Listen über die Verteilung des gemeindlichen Forstrechtholzes beigegeben sind. Hiernach hat die verwitwete Anwesensbesitzerin Margaretha Meier in den Jahren 1844/5 bis 1846/7 immer nur einen halben Anteil am gemeindlichen Forstrechtsholz erhalten. Ebenso verhält sich's mit der Witwe Anna Grenz in den Jahren 1862/3 bis 1865/6. Sonst kommen Einträge über den Holzbezug von Witwen oder auch von ledigen Anwesensbesitzerinnen in den Rechnungsbelegen nicht vor.

Ferner wurde vom Gemeinderate L eine bei den gemeindlichen Akten vorgefundene vom damaligen Bürgermeister unterfertigte Holzverteilungsliste vom Jahre 1800 vorgelegt, in welcher unter anderem eine Witwe mit einem halben Anteile aufgeführt ist. Endlich haben die auf Antrag des Gemeinderates eidlich vernommenen, völlig glaubwürdigen und unbeteiligten beiden Zeugen, übereinstimmend ausgesagt, daß, soweit sie sich zurückerinnern könnten, d. i. auf beiläufig 60 beziehungsweise 50 Jahre zurück, den verwitweten und den ledigen Anwesensbesitzerinnen immer nur ein halber Anteil am gemeindlichen Forstrechtsholze verabreicht wurde, und daß man dies als rechtlich begründet erachtet habe, und daß sie auch nicht gehört hätten, daß es in früherer Zeit anders gehalten worden sei.

Aufgabe: Der bezirksamtliche Bescheid ist zu entwerfen.

Die pfälzischen Staatskonkurs-Aufgaben im Jahre 1886.

I. Aufgabe aus dem Civilrechte.

Die Eheleute Konrad Reich und Elisabetha Lieb in Zweibrücken, welche sich ohne Errichtung eines Ehevertrages verheiratet hatten, brachten beide außer den nötigen Mobilien laut der in den nachgelassenen Papieren vorgefundenen Loosszettel einen ziemlich bedeutenden, auch bis zu ihrem Lebensende erhaltenen Grundbesitz in die Ehe; ihr Vermögen an Mobilien und Immobilien vermehrten sie während der Ehe durch Sparsamkeit und Fleiß namhaft. Alle ihre Immobilien liegen im Banne von Zweibrücken. Sie hatten einen einzigen Sohn Franz, welcher im Alter von 22 Jahren am 2. Dezember 1883 mit Zustimmung seiner Eltern, von denen er ein Reisegeld von 1500 ℳ erhielt, eine auf eine dreimonatliche Abwesenheit berechnete Vergnügungsreise nach Nordamerika antrat, um insbesondere einen in New-York wohnenden Freund zu besuchen. Am 4. Dezember 1883 starb plötzlich die Mutter, wovon aber der Sohn, dessen nächste Adresse man nicht wußte, nicht benachrichtigt werden konnte. Am 7. Dezember 1883 erhielt der Vater einen an die beiden Eltern gerichteten, vom 5. Dezember 1883 datierten und nach dem Postzeichen am nämlichen Tage in Bremen aufgegebenen Brief des Sohnes, worin er mitteilt, daß er mit dem nächsten, von ihm noch zu erfragenden Schiffe nach New-York abreisen werde, auf welche Reise er sich außerordentlich freue.

Obwohl der Sohn keine Vollmacht zurückgelassen hatte, so blieb doch der von keiner Seite belästigte Vater nach dem Tode der Mutter im Besitze des Gesamtvermögens und verwaltete dasselbe weiter. Vom Sohne bekam er keine Nachricht mehr.

Nach einiger Zeit unruhig darüber geworden, veranlaßte er die genauesten Nachforschungen, welche — was als gehörig erwiesen anzunehmen ist — ergaben, daß Franz Reich bei dem Freunde in New-York nicht angekommen ist, daß jener am 5. Dezember 1883 nachmittags, nachdem er vormittags den obenerwähnten Brief geschrieben hatte, mit seinem in einer Reisetasche bestehenden Gepäck, das er selbst getragen, den Gasthof zum Anker in Bremen, wo er eingekehrt war, verließ mit der Erklärung, er wolle sich nun nach New-York einschiffen. Weiter konnte nichts mehr festgestellt werden.

Am 31. Mai 1886 starb der Vater und zwar kurze Zeit, nachdem die obenerwähnten Nachforschungen abgeschlossen waren. Weder die Eltern noch der Sohn hatten ein Testament errichtet.

Als Beteiligte an den verschiedenen Verlassenschaften hielten sich, da die Ascendenten der Eltern schon vor mehr als zwanzig Jahren gestorben waren, folgende Verwandte, nämlich: als nächste Verwandte des Vaters: dessen drei noch lebende Geschwister und zwei Kinder eines im Jahre 1880 verstorbenen Bruders desselben; als nächste Verwandte der Mutter: ein Bruder und die Kinder von zwei schon vor dem Jahre 1883 gestorbenen Schwestern derselben.

Schulden waren zu keiner Zeit vorhanden.

Die angeblich Beteiligten, welche alle volljährig waren, vereinigten sich sofort nach der Beerdigung des Konrad Reich

Vater zu einer Besprechung, da sie der Ansicht waren, daß namentlich im Hinblick auf die bevorstehende Ernte mit der Auseinandersetzung und Teilung der Gesamtmasse nicht länger gezögert werden dürfe und könne. Bei dieser Besprechung ergab sich, daß die Erben über die rechtliche Lage der Verhältnisse vollständig im Unklaren waren.

Zunächst wurde von den Verwandten mütterlicherseits dem Befremden Ausdruck gegeben, wie der Vater Reich ohne jede im Interesse der Erbberechtigten notwendige Formalität bis zu seinem Tode in dem Besitze des Gesamtvermögens hätte bleiben können und man meinte, daß sich daran doch gewisse rechtliche Folgen knüpfen müßten.

Die Verwandten waren alle darin einig, daß sie nicht anerkennen wollen, daß Franz Reich Sohn noch am Leben sei, sie konnten aber die Tragweite einer solchen Erklärung auf die vorliegenden Verhältnisse nicht ermessen und glaubten die Verwandten der Ehefrau Reich ebenso wie ein Teil jener des Ehemannes Reich, daß sie die Nachlasse dieser Eheleute Reich unter sich zu teilen hätten, was jedoch nicht unbestritten blieb, indem auch von einem Nachlasse des Sohnes Franz gesprochen wurde.

Damit kam man auf die weitere Frage, ob alle angeblich Beteiligte überhaupt Rechte, sei es Erbrechte, sei es andere Rechte, an der Gesamtmasse geltend machen oder wahren könnten, ob und etwa in wie weit jetzt schon, mit wem und in welchen Formen die etwaigen Rechte, soweit sie gesetzlich bestehen, festgestellt, auseinandergesetzt oder gewahrt werden könnten, ob gerichtliche Schritte, die auf das absolut nötigste Maß zu beschränken seien und welche? erforderlich seien, auch wer sie zu veranlassen habe; dabei wurde auch von den Ansprüchen der einzelnen Beteiligten des Näheren gesprochen und die Meinung kund gegeben, daß gewisse Ansprüche an die Gesamtmasse sofort ausgeschieden und die Anteile der einzelnen Beteiligten an eine hiernach übrig bleibende Teilungsmasse nach Bruchteilen jetzt schon berechnet werden könnten, ohne daß aber die sämtlichen Verwandten in ihren Ansichten übereinstimmten.

Sie beschlossen schließlich ihre Bedenken und Zweifel einem Rechtsgelehrten vorzulegen und sich von demselben überhaupt durch ein Gutachten über die rechtlichen Gesichtspunkte, welche die obwaltenden Rechtsverhältnisse und deren Auseinandersetzung beherrschen und über die von ihnen einzuschlagenden Wege belehren zu lassen.

Es ist nun unter Anführung der maßgebenden gesetzlichen Vorschriften und unter entsprechender eingehender Begründung dieses Gutachten abzugeben.

II. Aufgabe
aus dem Zivilrecht.

I.

Der Gutsbesitzer A hatte ein ihm gehöriges Grundstück durch Notariatsakt gegen einen jährlichen Pachtzins von 600 ℳ auf die Dauer von zwölf Jahren an den Fabrikanten B verpachtet und wurde in den Pachtbedingungen unter anderm festgesetzt, daß der Pächter berechtigt sein solle, auf dem Grundstück zum Betrieb einer Fabrik Gebäulichkeiten auf eigene Kosten aufzuführen, wogegen der Verpächter nach Beendigung des Pachts die Gebäulichkeiten käuflich zu übernehmen habe gegen Ersatz der Auslagen des Pächters für die zur Ausführung des Baues erforderlichen Materialien.

Fabrikant B errichtete nun auf dem Grundstücke verschiedene zum Betriebe einer Fabrik notwendige Gebäude und verwendete hiezu ein seiner Frau zugefallenes Legat im Betrage von 12,000 ℳ, welches nach den Bestimmungen des Ehevertrags zum persönlichen Vermögen der Frau gehörte.

Diese nahm hierauf zur Sicherheit der ihr hiefür zustehenden Ersatzforderung Hypothekar-Inskription auf die erwähnten Fabrikgebäulichkeiten.

B machte keine gute Geschäfte und wurde noch vor Beendigung des Pachts auf Anstehen seiner Gläubiger in Konkurs erklärt.

Die versammelten Gläubiger beschlossen, da die Pachtzeit ihrem Ablauf nahe war, die Streichung der von der Ehefrau des Gemeinschuldners auf die fraglichen Gebäulichkeiten genommenen Hypothekar-Inskription zu veranlassen, weil bei den vorliegenden Verhältnissen diese Gebäulichkeiten nicht als ihrem Ehemanne gehörige Immobilien betrachtet werden und daher nicht Gegenstand einer Hypotheke sein könnten (Art. 2118 C. C.), indem dem Pächter nach Beendigung der Pachtzeit nur das Recht auf Ersatz der Materialien zustehe und die vom Verpächter zu leistende Entschädigungssumme den Gläubigern zufalle. Der Verpächter war mit diesem Beschlusse der Gläubiger einverstanden.

Die Ehefrau des Gemeinschuldners dagegen beharrte auf dem Fortbestand ihrer Hypothekar-Einschreibung, weil die Gebäulichkeiten schon ihrer Natur nach Immobilien seien (Art. 518 C. C.) und ihr Ehemann als Eigentümer derselben betrachtet werden müsse, denn er habe sie erbaut, seither benützt und sei auch für Schaden und Verlust derselben verantwortlich gewesen. Der etwaige spätere Eigentums-Uebergang an den Verpächter könne den dermaligen Rechten ihres Ehemanns keinen Eintrag thun. Jedenfalls würde die Verfügung des Art. 2125 C. C. hier Anwendung finden müssen.

Der hiedurch veranlaßte Rechtsstreit wurde dem zuständigen Gerichte unterstellt und fragt es sich nun, ob die von der Ehefrau des Gemeinschuldners auf die fraglichen Gebäulichkeiten genommene Hypothekar-Inskription zu Recht bestehen kann oder nicht, was näher zu begründen ist.

II.

Am 12. August 1886 starb der Rentner Friedrich Kuntz in Kusel mit Hinterlassung von drei Söhnen als seine Intestaterben, nämlich: Ludwig, Karl und Heinrich. Der Vater hatte weder Schenkungen an seine für ihr mütterliches Vermögen belieferten Kinder oder an Dritte gemacht, noch ein Testament errichtet. Nur machte er, als ihm gerade ein größeres Kapital eingegangen war und er dasselbe gerne zu guten Zinsen anlegen wollte, am 1. September 1885 dem Sohne Heinrich ein zu fünf Prozent verzinsliches und am ersten September 1889 zurückzahlbares Darlehen von 9000 ℳ, wovon Heinrich auch die Zinsen bis 1. September 1886 bezahlt hat. Bei dem am 31. August 1886 zur Auseinandersetzung der Erbmasse vom Notar anberaumten Termin ergab sich, daß dieselbe außer jenem Ausstand von 9000 ℳ noch weiter bestund aus dem Baarerlös aus den inzwischen veräußerten Mobilien mit 4000 ℳ, dem baaren Gelde mit 1000 ℳ und den Wertpapieren zu 31,000 ℳ. Unbestritten betrug daher der Nachlaß 45000 ℳ. Es ergab sich aber folgender Streit:

Die Miterben Ludwig und Karl verlangten, daß der Miterbe Heinrich sich auf seinen Erbteil von 15,000 ℳ das erwähnte Darlehen von 9000 ℳ aufrechnen lassen müsse, daher von den übrigen Massemitteln nur noch 6000 ℳ bekommen könne, so daß sie selbst für ihre Erbansprüche Befriedigung aus dem Reste zu erhalten hätten.

Heinrich bestritt dieses Verlangen und beantragte, daß seine Schuld von 9000 ℳ, weil sie noch nicht fällig sei, einem jeden Miterben zu je $1/3$ zugeteilt, so daß ihm selbst nur $1/3$ der Schuld aufgerechnet werde, während von den übrigen Massemitteln jedem Erben je 12,000 ℳ zu überweisen seien.

Unter Hervorhebung der maßgebenden Gesetzesstellen und unter entsprechender Begründung ist auszuführen, wie dieser Streit zu entscheiden sei.

Praktischer Fall
aus dem Justizfache.

Aus nachstehenden Proceduratten und nach Maßgabe der darin niedergelegten Bemerkungen ist ein landgerichtliches Urteil in der Form einer Ausfertigung mit allen vom Gesetze vorgeschriebenen inneren und äußeren Erfordernissen sowie mit einer dem Gesetze entsprechenden Entscheidung abzufassen.

Zum
Kgl. Landgerichte Landau.
Zivilkammer.

Klageschrift

für

1. Caspar Mohr,
2. Melchior Hof, beide Landwirte und in Wörth am Rhein wohnhaft,

gegen

Balthasar Heid, ebenfalls Landwirt und in besagtem Wörth wohnend.

Klage auf Einwerfung von Liegenschaften und Geldern in eine Gesellschaft betreffend.

Wert des Streitgegenstandes: 4000 ℳ.

Am 1. Dezember 1884 kam vor Notar Müller in Kandel zwischen den Parteien ein Gesellschaftsvertrag zu stande, von welchem mit dieser Klageschrift Abschrift mitgeteilt wird. Nach diesem Vertrage verpflichteten sich die Parteien gegenseitig zum Zwecke der Bildung einer Gesellschaft behufs rationellen Betriebs der Landwirtschaft, namentlich des Tabaksbaues, eine Anzahl von ihnen eigentümlich gehörigen, im Banne von Wörth gelegenen und den sogenannten Schweizerhof bildenden Grundstücken mit Oekonomiegebäuden an die Gesellschaft abzutreten und überdies zu einem gemeinsamen Betriebsfond je 2000 ℳ in die Gesellschaftskasse zu Händen des Bankiers Wolf in Landau einzuschießen. Die Gesellschaft sollte am 1. Oktober 1885 beginnen und haben die Kläger bereits Geldbeiträge an Bankier Wolf für die Gesellschaft einbezahlt, Kläger Hof die vollen 2000 ℳ, Kläger Mohr 1000 ℳ und ihre einzuwerfenden Liegenschaften der Gesellschaft zur Verfügung gestellt, indem sie hievon den Beklagten, welchem nach der Bestimmung des angeführten Gesellschaftsvertrags die Leitung des Betriebs und die Verwaltung der Gesellschaftsangelegenheiten obliegt, brieflich verständigten.

Beklagter hat sich aber bis jetzt mehrfacher schriftlicher und mündlicher Aufforderung ungeachtet passiv verhalten. Er hat sich weder bereit gefunden, die seinerseits versprochenen Liegenschaften der Gesellschaft zu übergeben und den Betrieb der Landwirtschaft zu übernehmen, noch den stipulierten Geldbetrag in die Gesellschaftskasse einbezahlt. Es ist deshalb Klage nötig, um ihn zur Erfüllung seiner Verbindlichkeiten anzuhalten.

In dem Gesellschaftsvertrage war weiter bestimmt, daß die Wiese, welche der Beklagte in die Gesellschaft einzuwerfen hatte, bis zum Beginne des Betriebs verpachtet werden sollte. Dies ist auch geschehen und beträgt der Pachtzins 200 ℳ, welcher gleichfalls in die Gesellschaftskasse eingeworfen werden sollte. Diesen Pachtzins hat aber der bisherige Oekonomieverwalter des Beklagten erhoben und unterschlagen. Beklagter ist für diesen seinen Bediensteten haftbar und muß deshalb auch diesen Betrag der Gesellschaft ersetzen.

Aus diesen Gründen

gefalle es der Civilkammer des k. Landgerichts, den Beklagten zu verurteilen, die nachbeschriebenen Liegenschaften an die von den Parteien gebildete Gesellschaft zum Zwecke des rationellen Betriebs der Landwirtschaft, namentlich des Tabaksbaues, abzutreten und in die Gesellschaftskasse zu Händen des Bankiers Wolf in Landau 2000 ℳ mit Zinsen vom Tage der Klage an einzuschießen, auch ihn für verpflichtet zu erklären, den Betrieb der Landwirtschaft für die Gesellschaft sofort zu übernehmen, den Beklagten ferner zu verurteilen, die von dessen Oekonomieverwalter erhobenen, aber nicht abgelieferten 200 ℳ Wiesenpachtzins mit Zinsen vom Tage der Klage an der Gesellschaft zu ersetzen,

endlich dem Beklagten die Prozeßkosten zur Last zu legen.

Beschreibung der Liegenschaften:

Plan-Nr. 1, 2, 3, 4, vier Hektaren Ackerland und
Plan-Nr. 5, ein Hektar Wiese, Alles beisammen im Banne von Wörth gelegen.

Folgt nun Abschrift des Gesellschaftsvertrags:

Heute den ersten Dezember 1884 vor dem unterzeichneten Ernst Müller, Kgl. Notar mit dem Amtssitze in Kandel wohnhaft, auf dessen Amtsstube daselbst erschienen: 1. Caspar Mohr, 2. Melchior Hof und 3. Balthasar Heid, alle drei Landwirte und in Wörth a./Rh. wohnhaft, welche erklärten:

Es sei heute zwischen ihnen zum Zwecke des rationellen Betriebs der Landwirtschaft, namentlich des Tabaksbaues, ein Gesellschaftsvertrag verabredet worden, welcher folgendermaßen laute und welchen zu beurkunden sie hiemit anstehen:

I. In die Gesellschaft wirft jeder der Gesellschafter eine Anzahl seiner Eigentumsliegenschaften ein und zwar 1. Comparent Hof: Plan-Nr. 6, 7, 8 und 9, vier Hektaren Acker mit darauf stehenden Oekonomiegebäuden, Scheuer mit Speicher und Stall mit Keller; 2. Comparent Mohr: Plan-Nr. 10, 11, 12, 13, 14, fünf Hektaren Acker; 3. Comparent Heid: Plan-Nr. 1, 2, 3, 4, vier Hektar Ackersland, Plan-Nr. 5, eine Hektare Wiese — alle diese Liegenschaften im Banne von Wörth gelegen und den sogenannten Schweizerhof bildend. Außerdem zahlt jeder der Gesellschafter zur Bildung eines Betriebsfonds 2000 ℳ in die Gesellschaftskasse, welche Bankier Wolf in Landau in Händen haben soll.

II. Die Leitung des Betriebs der Landwirtschaft und die Verwaltung der Gesellschaftsangelegenheiten übernimmt der Gesellschafter Heid gegen ein jährliches Honorar von 500 ℳ von der Gesellschaft.

III. Die Gesellschaft wird auf die Dauer von 10 Jahren abgeschlossen. Der Betrieb beginnt jedoch erst am 1. Oktober 1885. Bis dahin wird die vorbezeichnete, von Heid einzuwerfende Wiese verpachtet und fließt der Pachtzins in die Gesellschaftskasse.

IV. Jährlich hat der Gesellschafter Heid über seine Geschäftsführung Rechnung zu stellen. Der erzielte Gewinn verteilt sich unter die drei Gesellschafter zu gleichen Teilen, während derjenige, welcher den Betrieb leitet, an dem Verluste um $^1/_5$ mehr teilnimmt, als die beiden übrigen.

V. Die beiden Gesellschafter Hof und Mohr übernehmen es, dem Makler Kuhn von Wörth für seine Bemühungen um das Zustandekommen der Gesellschaft das geschuldete und hiemit als eine Schuld der Gesellschaft erklärte Honorar von 600 ℳ auszuzahlen, für welches ihnen die Gesellschaft Vergütung leistet.

VI. Nach Ablauf der stipulierten zehn Jahre ist die Gesellschaft aufgelöst. Jeder Gesellschafter erhält die zum Betriebe eingeschossenen Liegenschaften und Kapitalien zurück. Gewinn oder Verlust verteilt sich nach Ziffer IV.

Hierüber Urkunde, errichtet am Tage wie oben und nach geschehener Vorlesung von den Comparenten und dem Notare unterschrieben. Unterschrieben sind: Mohr, Hof, Heid und Müller, Notar.

Für gleichlautende Abschrift.
gez. Müller, Notar.

Die Kläger laden den Beklagten zur mündlichen Verhandlung über vorstehende Klage zu dem angesetzten Termine vor die Civilkammer des Kgl. Landgerichts Landau vor und fordern den Beklagten auf, einen bei diesem Gerichte zugelassenen Rechtsanwalt zu bestellen.

Landau, den 29. Oktober 1885.

Der Prozeßbevollmächtigte der Kläger.
Schlosser, Rechtsanwalt.

Zur mündlichen Verhandlung der Sache wird die öffentliche Sitzung der Civilkammer des Kgl. Landgerichts Landau vom zweiten Februar 1886 bestimmt.

Landau, den 30. Oktober 1885.

Der Vorsitzende der Civilkammer
Heinz, Präsident.

Bemerkung: Die Klageschrift ist als in gesetzlicher Form am 1. November 1885 dem Beklagten zugestellt anzusehen.

Klagebeantwortung

für

Balthasar Heid, Landwirt in Wörth wohnhaft, Beklagten, welcher den Rechtsanwalt Schneider in Landau zu seinem Prozeßbevollmächtigten aufgestellt hat,

gegen

1. Caspar Mohr, und 2. Melchior Hof, beide Landwirte, in Wörth wohnhaft, Kläger durch Rechtsanwalt Schlosser vertreten.

Der Beklagte gibt den Abschluß des Gesellschaftsvertrags mit den Klägern und den Inhalt dieses Vertrags, wie solchen die Kläger angeben, zu und bestreitet auch nicht die von den Klägern behaupteten Einzahlungen in die Gesellschaftskasse, die Bereitstellung der Liegenschaften für den Betrieb der Gesellschaft und die an ihn ergangenen Aufforderungen zur Uebernahme des Betriebs. Er bestreitet jedoch die erhobene Klage in ihrem ersten Klagepunkte, soweit sie auf Leistung der Gesellschaftsbeiträge gerichtet ist, aus verschiedenen Gründen als unzulässig und zwar:

Erstens wegen Vergleichs. Wenige Tage vor Erhebung der Klage, am 20. Oktober 1885, kam nämlich zwischen dem Beklagten und dem Kläger Hof ein Vergleich unter Privatunterschrift zustande, wornach der Gesellschaftsvertrag aufgehoben sein, jede Partei ihre Einlagen zurücknehmen, das für die Gesellschaft etwa eingegangene Geld verteilt werden und Kläger Mohr eine Abfindung von 100 ℳ erhalten sollte.

Zufolge des Gesellschaftsvertrags war Beklagter Heid präsumtiver Mandatar des Mohr und ist deshalb der Vergleich für alle Teile bindend, so daß heute nicht mehr auf Vollzug des Gesellschaftsvertrags geklagt werden kann.

Die Klage erscheint aber noch weiter als unzulässig, weil die Kläger ihrerseits den Gesellschaftsvertrag nicht erfüllt haben, indem Kläger Mohr selbst bis jetzt nur 1000 ℳ in die Gesellschaftskassa einbezahlt hat und beide Kläger nicht, wie stipuliert worden, das Honorar von 600 ℳ an den Makler Kuhn bezahlt haben.

Zum zweiten Klagepunkte, dem Ersatz der 200 ℳ übergehend, so stellt sich hierin die Klage als unbegründet dar. Der Ökonomieverwalter des Beklagten war kein préposé desselben und letzterer ist nicht ersatzpflichtig.

Für den Fall, daß das Gericht den artikulierten Vergleich nicht als rechtsverbindlich erachten sollte, erhebt Beklagter zugleich Widerklage auf Vernichtung des Gesellschaftsvertrags und zwar: a) weil nach diesem Vertrage die Verluste nicht gleich den Gewinnen unter die Gesellschafter zu verteilen sind und b) wegen substanziellen Irrtums, weil die in die Gesellschaft eingebrachten Äcker der Kläger nicht genügend für den Tabaksbau geeignet sind, indem sie zum Beispiel im Jahre 1885 eine Tabaks-Ernte lieferten, welche 50% geringer war, als die Ernte auf andern Äckern der Gemarkung und insbesondere auf den von dem Beklagten eingebrachten Äckern, von welcher ungeeigneten Beschaffenheit Beklagter nichts wußte.

Was den Punkt a betrifft, so belastet Ziffer IV des Gesellschaftsvertrages den Beklagten mit $^1/_5$ mehr an einem etwa sich ergebenden Verluste, als die Kläger, während der Gewinn sich gleichmäßig verteilt. Die Nichtigkeit eines solchen Vertrags folgt aus Art. 1855 C.C. Daß diese Gesetzesstelle implicite auch einen Gesellschaftsvertrag für nichtig erklärt, durch welchen in Bezug auf einen Socius eine Verschiedenheit zwischen dem Anteil am Gewinne und dem am Verluste stipuliert wird, folgt aus den Beispielen, welche das Gesetz in Art. 1521 und 1811 aufstellt.

Was Punkt b angeht, so liegt es auf der Hand, daß Beklagter den Gesellschaftsvertrag mit den Klägern nicht eingegangen wäre, wenn er von der schlechten Beschaffenheit der Äcker der Kläger Kenntnis gehabt.

Es ist deshalb der Fall eines substanziellen Irrtums des Beklagten gegeben und der Vertrag nichtig. Art. 1109, 1110 C.C., so daß also die Kläger nicht berechtigt sein können, daraus zu klagen.

Aus diesen Gründen

gefalle es der Civilkammer des Kgl. Landgerichts Landau die erhobene Klage in ihrem ersten Klagepunkte als unzulässig, und in ihrem zweiten Klagepunkte als unbegründet abzuweisen mit Verurteilung der Kläger zu den Prozeßkosten; eventuell die erhobene Widerklage für begründet zu erklären und den zwischen den Parteien am ersten Dezember 1884 vor Notar Müller in Kandel abgeschlossenen Gesellschaftsvertrag zu vernichten, demgemäß die erhobene Hauptklage in ihrem ganzen Umfange als unzulässig und unbegründet abzuweisen mit Überbürdung der Kosten des Prozesses auf die Widerbeklagten.

Landau, den 3. November 1885.

Schneider, Rechtsanwalt.

Abschrift erhalten
Landau, 3. November 1885.
Schlosser, Rechtsanwalt.

Erwiderung auf die Klagebeantwortung

für

1. Caspar Mohr und 2. Melchior Hof, beide Landwirte, in Wörth wohnhaft, Kläger und Widerbeklagte;

gegen

Balthasar Heid, Landwirt in Wörth wohnhaft, Beklagten und Widerkläger durch Rechtsanwalt Schneider vertreten.

Der Vergleich, wie er von dem Beklagten behauptet wird, wird nicht in Abrede gestellt. Jedoch ist derselbe formell und materiell ungiltig, so daß er kein Hindernis bildet, den Beklagten heute auf Erfüllung seiner Verpflichtungen aus dem Gesellschaftsvertrage anzuhalten. Namentlich kann von einem Mandate des Heid für Mohr keine Rede sein. Ohne Zustimmung aller socii konnte aber der auf bestimmte Zeit abgeschlossene Gesellschaftsvertrag nicht aufgelöst werden.

arg: Art. 1869, 1871 Code civil. Eine Unzulässigkeit der Klage aus diesem Gesichtspunkte besteht also nicht.

Was die der Klage weiter entgegengesetzte exceptio nondum adimpleti contractus betrifft, so ist diese im französischen Rechte überhaupt nicht statthaft. Das Gesetz erwähnt mit keiner Silbe diese Einrede als eine allgemein zulässige. Auf Grund desselben würde ein Retentionsrecht geschaffen, welches, seiner innern Natur nach singulär, nur in denjenigen Fällen zulässig sein kann, in welchen das Gesetz dasselbe ausdrücklich gestattet, wie z. B. in Art. 1612 CC. Abgesehen hievon kann insbesondere bei einer Klage aus einem Societätsvertrage jene Einrede nicht statthaft sein. Bei einem Vertrage dieser Art bildet nämlich die Leistung eines Socius nicht das Aequivalent für die Leistung des andern, sondern jeder Socius leistet vorwiegend in seinem eigenen Interesse, zu seinem eigenen Zwecke. Es liegt hier keine synallagmatischer Vertrag im Sinne des Art. 1184 C.C. vor und besteht für die Societät nicht etwa eine Specialvorschrift, wie die des Art. 1612 loc. cit. Es fehlt denn auch nicht an Autoren, welche die Unstatthaftigkeit der exceptio nondum adimpleti contractus, wenigstens für das gemeine Recht, nachweisen.

Ferner ist es nicht statthaft, aus der Stipulation V des Gesellschaftsvertrags über die Zahlung von 600 ℳ Honorar an Makler Kuhn eine exceptio nondum adimpleti contractus abzuleiten. Nach Art. 1121 C. C. ist diese Stipulation, welche von den Klägern nicht vollzogen wurde, ungiltig.

Beklagter kann überdies diese Einrede nicht vorschützen, weil er selbst den Klägern gerechte Ursache gegeben hat, vorerst den Gesellschaftsvertrag nicht ganz zu erfüllen. Er hat sich nämlich, was nötigen Falls erwiesen werden kann, bei dritten Personen mißliebig über die Kläger und das mit denselben begründete Gesellschaftsverhältnis geäußert und hat erklärt, er wolle nichts weiter mit ihnen zu thun haben und sei froh, wenn er sie wieder los sei. Die Kläger haben also Ursache, erst zu sehen ob es dem Beklagten Ernst mit Erfüllung seiner Verpflichtungen ist, ehe sie weiter einzahlen.

Ein weiterer Umstand steht dieser Einrede entgegen.

Kläger Mohr konnte bis jetzt wegen beschränkter Vermögensverhältnisse nicht mehr einzahlen, als 1000 ℳ. Er mußte insbesondere kurz vor Abschluß des Gesellschaftsvertrags zur Abwendung drohender Mobiliarpfändungen bedeutende Zahlungen an Gläubiger leisten. Von diesen Verhällnissen hat Bekagter Kenntniß gehabt und gleichwohl den Gesellschaftsvertrag auch mit Mohr abgeschlossen. Er hat demnach im Voraus auf diese Einrede der nicht vollständigen Erfüllung verzichtet.

Endlich kommt in Betracht, daß Kläger Hof seinerseits ja vollständig erfüllt hat, und es ihm deßhalb mit Rücksicht auf die Unteilbarkeit des Rechtsverhältnisses zustehen muß, den Beklagten zur Erfüllung zu zwingen, ohne daß gegen die Klage, soweit sie von ihm ausgeht, eine Einrede aus der nicht vollständigen Erfüllung von Seite des Mohr abgeleitet werden könnte. Es würde sonst hier eine exceptio de jure tertii Platz greifen.

Endlich und schlimmsten Falls wäre Beklagter, was seine Verpflichtung zur Geldeinzahlung betrifft, zur Einzahlung von 1000 ℳ zu verurteilen, weil insoweit Kläger Mohr erfüllt hat und hier nur eine teilbare Geldleistung in Frage steht. Mit diesem Geldbetrage könnte immerhin der Betrieb der Gesellschaft begonnen werden, was nötigenfalls erwiesen werden wird.

Die erhobene Klage erscheint also zulässig.

Was den zweiten Klagepunkt, den Ersatz der 200 Mark betrifft, so war der Ökonomieverwalter des Beklagten, welcher dessen Landwirtschaft zu leiten und die fragliche Wiese zu bewirtschaften hatte, unzweifelhaft ein préposé desselben. Die Pächter der Wiese zahlten offenbar nur wegen dieser seiner Eigenschaft den Wiesenpachtzins an ihn, so daß der Beklagte haftbar erscheint, nachdem der gedachte Verwalter diesen Pachtzins nicht abgeliefert hat.

Was die Widerklage betrifft, so will nicht bestritten werden, daß die Tabaks-Ernte im Jahre 1885 auf den von den Klägern und Wiederbeklagten eingebrachten Äckern 50% geringer war, als auf den vom Beklagten und Widerkläger eingebrachten und den anderen Äckern der Gemarkung und daß überhaupt jene Äcker für den Tabaksbau nicht geeignet genug sind. Ebenso kann nicht behauptet werden, daß Widerkläger von diesem Mangel Kenntnis gehabt habe. Widerbeklagte hatten diese Kenntnis selbst nicht. Allein es ist keineswegs dargethan, daß Widerkläger bei Kenntnis dieses Mangels den Gesellschaftsvertrag nicht abgeschlossen hätte, da die fraglichen Äcker für den Anbau anderer Gewächse, als Tabak, verwendet werden können. Es liegt deßhalb kein wesentlicher Irrtum vor.

Die aus Ziffer IV des Gesellschaftsvertrags abgeleitete Nichtigkeit entbehrt vollständig der Begründung.

Die Widerklage erweist sich sonach als unbegründet.

Aus diesen Gründen

gefalle es der Zivilkammer des K. Landgerichts, die erhobene Klage, wie beantragt, zuzusprechen, dagegen die erhobene Widerklage als unbegründet abzuweisen mit Kosten.

Landau, 4. November 1885.

Schlosser, Rechtsanwalt.

Abschrift erhalten.

Landau, 5. November 1885.

Schneider, Rechtsanwalt.

Schriftsatz

für Balthasar Heid, Landwirt in Wörth wohnhaft, Beklagten und Widerkläger,

gegen

1. Caspar Mohr, und 2. Melchior Hof, beide Landwirte in Wörth wohnhaft, Kläger und Widerbeklagte, durch Rechtsanwalt Schlosser vertreten.

Die Behauptung der Giltigkeit des Vergleichs wird aus den schon angeführten Gründen aufrecht erhalten. Ebenso wird auf der exceptio nondum adimpleti contractus bestanden. Die Sozietät ist ein vollkommen synallagmatischer Vertrag, wie die Miete, der Kauf und dergleichen und läßt die genannte exceptio entstehen. Die Stipulation über Bezahlung des Maklers ist eine Bedingung des Vertrags, wie jede andere, und ihre Nichterfüllung begründet die mehrgedachte Einrede.

Was die mißliebigen Äußerungen des Beklagten über die Kläger betrifft, so sollen dieselben nicht in Abrede gestellt werden. Ebenso wird nicht bestritten, daß Beklagter die mißlichen Vermögensverhältnisse des Klägers Mohr und die demselben drohenden Mobiliarpfändungen kannte und daß es möglich ist, den Betrieb der Gesellschaft auch mit der Hälfte des Geldbeitrags des Beklagten zu beginnen. Allein die rechtlichen Folgen, welche die Kläger hierausziehen, werden bestritten und sind ungerechtfertigt, wie denn auch die weiteren Ausführungen der Kläger bezüglich der exceptio nondum adimpleti contractus als ungerechtfertigt sich darstellen.

Was die Widerklage betrifft, so wird hier alles bereits Gesagte gleichfalls aufrecht erhalten. Hinsichtlich des zweiten Punktes der Hauptklage, des Ersatzes der 200 ℳ Wiesenpachtzins, wird die Klage nach wie vor, bestritten.

Es wird deßhalb beantragt, die früher genommenen Anträge zuzusprechen.

Landau, 5. November 1885.

Schneider, Rechtsanwalt.

Abschrift erhalten.

Landau, 6. November 1885.

Schlosser, Rechtsanwalt.

Bemerkung. Bei der mündlichen Verhandlung der Sache brachten die Vertreter der Parteien, indem sie die in Betracht kommenden Urkunden, soweit nötig, verlasen, im Wesentlichen die in den Schriftsätzen entwickelten thatsächlichen und rechtlichen Gesichtspunkte vor und nahmen die aus den Schriftsätzen hervorgehenden Anträge. Auf bezügliche Frage des Vorsitzenden erklärte der Vertreter des Beklagten und Widerklägers, daß er über die Behauptung, daß Beklagter und Widerkläger den Gesellschaftsvertrag mit den Klägern und Wiederbeklagten nicht eingegangen wäre, wenn er von der mangelhaften Beschaffenheit der von den letzteren in die Gesellschaft gebrachten Äcker in Bezug auf Tabaksbau Kenntnis gehabt, einen Beweis nicht erbiete. Diese Erklärung ist im Sitzungsprotokolle beurkundet.

Aktenstücke:

Vergleich.

Zwischen den Endesunterzeichneten Melchior Hof und Balthasar Heid, beide Landwirte und in Wörth wohnhaft, wurde zur endgiltigen Beseitigung von Streitigkeiten und Meinungsverschiedenheiten, welche über einen zwischen den Unterzeichneten und einem Dritten, Caspar Mohr, gleichfalls Landwirt in Wörth, am ersten Dezember 1884 vor Notar Müller in Kandel abgeschlossenen Gesellschaftsvertrag entstanden sind, folgendes vereinbart:

1. Der besagte Gesellschaftsvertrag wird hiermit für alle Beteiligte aufgehoben und jeder derselben ist berechtigt, seine in die Gesellschaft gemachten Einlagen in Natur zurückzunehmen.
2. Etwa für die Gesellschaft eingegangenes Geld wird nach Maßgabe des Gesellschaftsvertrags unter die Gesellschafter verteilt.
3. Der Gesellschafter Kaspar Mohr von Wörth erhält überdies eine Abfindung von 100 ℳ von den beiden Unterzeichneten.

Hierüber Urkunde, doppelt ausgefertigt und jedem Teile ein Exemplar eingehändigt.

Wörth, 20. Oktober 1885.

Melchior Hof. Balthasar Heid.

Verpachtung.

Zwischen den Unterzeichneten 1. Caspar Mohr, 2. Melchior Hof, 3. Balthasar Heid, alle drei Landwirte, in Wörth wohnhaft, vergesellschaftete Interessenten, einerseits und 1. Jakob Kunz und 2. Peter Heun, beide Ackersleute, ebenfalls in Wörth wohnhaft, andererseits, kam heute folgender Pachtvertrag zustande:

1. Die drei erstgenannten gemeinschaftlichen Interessenten verpachten hiemit an die beiden letztgenannten für die

Heu- und Ohmeternte dieses Jahres: Plan-Nr. 5 eine Hektare Wiese, im Banne von Wörth gelegen.

2. Der Pachtzins beträgt 200 ℳ, welchen die Pächter unter solidarischer Haft an die Verpächter oder ihren gemeinsamen Bevollmächtigten nach beendigter Pachtzeit zu zahlen versprechen.

Wörth, den ersten März 1885.

Caspar Mohr, Melchior Hof, Balthasar Heid, Jakob Kuntz, Peter Heun.

Fragen
aus dem katholischen Kirchenrechte.

I.

In N ist eine Simultankirche, an welcher jede der beiden Kirchengemeinden Miteigentum zur Hälfte hat. Der katholische Fabrikrat berichtete an das k. Bezirksamt: die Kirche sei, obwohl nicht baufällig, im Innern allmählig so heruntergekommen, daß sie jetzt in einem des Gottesdienstes unwürdigen Zustande sich befinde und einer gründlichen, dauerhaften Restauration bedürfe; solche werde auch vom Bezirksbauschaffner begutachtet und belaufen sich die Kosten nach dessen Voranschlag auf 2000 ℳ; der Fabrikrat beantrage, daß die Kirche wie erwähnt und zwar auf gemeinsame Kosten restauriert werde; die Kosten wären, weil kein Religionsteil Kirchenvermögen habe, durch Kultusumlagen aufzubringen.

Das zur Beschlußfassung aufgeforderte Presbyterium erklärte sich gegen die Restauration; in 2 Monaten werde die neue, aus den vom protestantischen Kirchenbauverein aufgebrachten Geldern erbaute protestantische Kirche vollendet sein; die Protestanten werden dann ausschließlich diese, welche genügenden Raum für jeden Gottesdienst biete, benützen, übrigens wollten sie trotzdem das Miteigentum an der Simultankirche nicht aufgeben oder abtreten; zugleich beschloß das Presbyterium, daß von den Protestanten keine Umlage für die Kirchenrestauration erhoben werden soll. Der gesetzmäßig verstärkte Gemeinderat sprach sich, weil die protestantische Kirchenvertretung gegen eine Umlage sei, auch gegen Erhebung einer solchen aus.

Sind die Protestanten bei dieser Sachlage verpflichtet, zu den Kosten der Kirchenrestauration beizutragen oder nicht, und warum? und was hat im Falle der Bejahung der ersten Frage seitens der vorgesetzten Verwaltungsbehörde zu geschehen, um die Beitragsleistung zu erzwingen?

II.

1. In welcher Form ist eine Prozeßermächtigung zu erteilen?
2. Sind hiebei Gründe anzugeben?
3. Unter welchen Voraussetzungen kann die nachgesuchte Prozeßermächtigung verweigert werden? Muß die Verweigerung motiviert werden?
4. Welche Folgen hat der Mangel der Autorisation?
5. Kann nur der Fabrikrat auf den Mangel der Autorisation sich berufen oder auch der Gegner?
6. Es wird erst während des Laufes eines Prozesses die Autorisation nachgesucht und erteilt: wird der den vorhergegangenen Prozeßhandlungen anhaftende Mangel hiedurch gehoben?
7. Eine Prozeßermächtigung wird nur nachgesucht und auch erteilt für die Prozeßführung beim Landgericht. Ist für die Verfolgung in den höheren Instanzen eine weitere Ermächtigung notwendig?
8. Hat das Gericht den Mangel der vorgeschriebenen Prozeßermächtigung von Amts wegen zu berücksichtigen?

   Die Antwort zu Ziff. 2—8 ist kurz zu motivieren.

III.

Haben die katholischen Pfarrer in der Pfalz einen rechtlichen Anspruch auf Gehaltsbezüge aus der Staatskasse? Wenn ja, auf Grund welcher Bestimmungen?

Frage
aus dem protestantischen Kirchenrechte.

Der protestantische Lehrer Jakob Kroll in Wolfsheim, durch Regierungsentschließung vom 16. April 1850 als solcher ernannt, versieht zugleich den niederen, protestantischen Kirchendienst und hat sich dessen noch nie geweigert. In der Schulfassion ist ihm der Genuß von 2 ha Grundstücke in Anschlag gebracht mit einem jährlichen Reinertrage von 30 ℳ. Diese Grundstücke gehören der protest. Kirchengemeinde und es ist in der Fassion bemerkt, daß die Grundstücke eingestellt seien „da der jeweilige prot. Schul- und Kirchendiener diesen Genuß von Alters her gehabt hat.“ (Art. 4 des Ges. 10. November 1861, die Aufbringung des Bedarfes für die deutschen Schulen betr.). In der Schulfassion sind Kasualgebühren des Lehrers nicht in Ansatz gebracht und enthält die Fassion keinerlei bezügliche Notizen.

Am 2. Februar 1886 stellte Schullehrer Kroll bei dem Bezirksamte Windsbach den Antrag, es möge diese Behörde erkennen, daß Friedrich Schulz in Wolfsheim verpflichtet sei, ihm folgende Beträge als Kasualien zu bezahlen:

a) Dafür, daß Kroll dem prot. Geistlichen bei der Trauung des Schulz am 2. Januar 1885 Assistenz geleistet habe . . . . 1 ℳ — ₰
b) Für eine solche Assistenz bei der Taufe eines Kindes des Schulz am 6. Dezember 1885 . — „ 50 „
c) Für die Fungierung als Kantor bei der Beerdigung der Ehefrau Schulz am 10. Januar 1886 . . . . 1 „ 80 „

Lehrer Kroll berief sich hiebei auf die bezüglichen von Seiner Majestät genehmigten Beschlüsse der pfälz. Generalsynode (Kreisamtsblatt 1884 S. 761.)

Eventuell bat Kroll das K. Bezirksamt, die Zahlung der fraglichen Gebühren der prot. Kirchengemeinde zu Last zu legen und noch mehr subsidiarisch dem prot. Geistlichen Michael Kraus in Wolfsheim. Die Verpflichtung der prot.

Gemeinde leitet Kroll daraus ab, daß es eventuell Sache der Kirchengemeinde sei, ihre Diener zu entschädigen, während der Pfarrer subsidiarisch deßhalb zahlpflichtig erscheine, weil dieser ihn, den Lehrer, zu den fraglichen Dienstleistungen beordert habe.

Der zunächst zur Zahlung angezogene Friedrich Schulz, der dem Lehrer eine Entschädigung irgend welcher Art, weder angeboten, noch gegeben hat, gibt zu — es ist dies auch aktenmäßig erwiesen — daß seit Menschengedenken der Schullehrer für Assistenz der Geistlichen in den oben genannten Fällen von der beteiligten Familie stets entschädigt worden sei. Diese Entschädigung habe aber lediglich darin bestanden, daß die wohlhabendern Familien in solchen Fällen dem Lehrer Lebensmittel (Wein, Fleisch, Kuchen) geschickt, während die ärmeren Familien eine nie den Betrag von 50 Pf. übersteigende Geldentschädigung oder auch gar nichts bezahlt hätten. Dabei behauptet Friedrich Schulz weiter — auch dieß ist aktenmäßig erwiesen — daß der Lehrer oder sein Vorgänger die fraglichen Entschädigungen nie förmlich angefordert haben, daß vielmehr die bezüglichen Leistungen seitens der prot. Familien immer freiwillig ohne Mahnung oder Anforderung erfolgt seien. Schulz bestreitet demnach jede Zahlungsverpflichtung und schützt auch die Unzuständigkeit der Verwaltungsbehörden vor.

Das prot. Presbyterium lehnt namens der Kirchengemeinde jede Zahlungspflicht ab und beruft sich insbesondere darauf, daß der Genuß der in der Schulfassion verzeichneten Kirchengüter genüge, und daß dem Lehrer keine weitere Forderung der Kirchengemeinde gegenüber zustehe.

Der prot. Pfarrer lehnt ebenfalls jede Zahlungsverpflichtung ab. Er habe wohl, nachdem seine, des Pfarrers Dienste bei den in Rede stehenden 3 Kasualfällen in Anspruch genommen worden seien, den Lehrer und Kirchendiener aufgefordert, Assistenz zu leisten. Aber aus dieser Aufforderung, welche lediglich im Interesse der Familie Schulz erfolgt sei, die auch den Lehrer zur Assistenzleistung jedesmal stillschweigend zugelassen habe, könne für den Pfarrer keine Verpflichtung erwachsen, den Kirchendiener zu entschädigen. Auch schützt der Pfarrer noch die Unzuständigkeit der weltlichen Behörden vor, da hier eine innere Kirchenangelegenheit im Sinne der §§ 50 ff. der II. Verfassungsbeilage in Frage stehe, wie auch insbesondere aus dem oben erwähnten Synodalbeschlusse hervorgehe.

Die Kandidaten haben die erhobenen Ansprüche und Einsprüche unter Angabe von Gründen zu würdigen und zu entscheiden, ob und warum Friedrich Schulz oder die protest. Kirchengemeinde oder der prot. Geistliche den Lehrer Kroll, dessen Begehren entsprechend, zu entschädigen haben oder nicht. Insbesondere sind auch die erhobenen Unzuständigkeits-Einsprüche zu würdigen, ohne daß deren etwaige Zulassung den Kandidaten von der Würdigung des erhobenen Zahlungs-Anspruches selbst entbinden könnte.

Die

pfälzischen Staatskonkurs-Aufgaben im Jahre 1887.

I. Aufgabe aus dem Civilrechte.

Jakob Bauer, welcher mit seiner Ehefrau Maria Lieb in gesetzlicher Gütergemeinschaft lebte, verkaufte während bestehender Ehe zwei ihm persönlich gehörige Grundstücke und zwar einen Acker um 1000 ℳ an Friedrich Landmann und einen Wald an Johann Holzer um 6000 ℳ. Außerdem verkaufte er während bestehender Ehe unter Mitwirkung seiner genannten Ehefrau einen dieser persönlich gehörigen Weinberg um 2000 ℳ an Georg Büttner.

Die Kaufpreise dieser sämtlichen drei Grundstücke cedierte Jakob Bauer ohne Mitwirkung seiner Ehefrau an Joseph Zahler gegen einen Nachlaß von fünf Procent,

Nachdem dieser die Cession den Schuldnern hatte zustellen lassen, starb Jakob Bauer. Sowohl sein persönlicher Nachlaß, als die Gütergemeinschaft, welche zwischen ihm und seiner überlebenden Ehefrau bestanden hatte, waren überschuldet und letztere verzichtete deshalb in gehöriger Form auf diese Gütergemeinschaft.

Landmann und Holzer zahlten den Kaufpreis der von ihnen gekauften Grundstücke an den Cessionar Zahler vollständig aus. In der Folge ward der Acker, welchen Landmann gekauft hatte, auf Betreiben der Wittwe des Jakob Bauer auf Grund des Ersatzanspruchs, welcher derselben wegen der Veräußerung eines ihr gehörig gewesenen Hauses zustand, und auf Grund der diesem Ersatzanspruche zur Seite stehenden gesetzlichen Hypothek subhastiert, wobei Landmann den Acker wieder steigerte. Er war jedoch genötigt, den Steigpreis vollständig an die Wittwe des Jakob Bauer zur Befriedigung von deren vorerwähntem Ersatzanspruche zu bezahlen. Außerdem stellte sich nach Bezahlung der obenerwähnten Kaufpreise heraus, daß der Wald, welchen Holzer gekauft hatte, dermaßen mit äußerlich nicht erkennbaren Berechtigungen — Dienstbarkeiten — belastet war, daß er für Holzer so gut wie wertlos war, indem die aufzuwendenden Kulturkosten den Wert der ihm verbleibenden Nutzungen vollständig absorbierten.

Holzer erhob deshalb auf Grund der ihm gesetzlich geschuldeten Gewährleistung gegen die übrigens unzahlfähigen gesetzlichen Erben des Verkäufers Jakob Bauer Klage, in welcher er wegen der ihm unbekannt gewesenen auf dem Walde ruhenden Lasten die Aufhebung des Kaufvertrags beantragte.

Nach rechtskräftigem Zuspruche dieser Klage belangte er auch den Cessionar Zahler mit einer Klage, in welcher er dessen Verurteilung zur Rückerstattung des empfangenen Kaufpreises des Waldes samt Zinsen daraus vom Tage der erfolgten Zahlung an beantragte.

Ebenso erhob Landmann wegen der erfolgten Subhastation des von ihm gekauften Ackers eine Klage, aber lediglich gegen den Cessionar Zahler, mit dem Antrage auf Verurteilung zur Rückzahlung des empfangenen Kaufpreises des subhastierten Ackers mit Zinsen vom Tage der Zahlung an. Beide Klagen wurden vom Cessionar Zahler bestritten, weil die Gewährschaftspflicht lediglich den Erben des Jakob Bauer obliege und Zinsen von ihm nicht, sowie äußersten Falls erst vom Tage der Klage an geschuldet seien.

Von Büttner konnte Zahler in Güte keine Zahlung des durch jenen gekauften Weinbergs erlangen, weshalb er Klage gegen Büttner erhob mit dem Antrage auf Verurteilung zur Zahlung des von diesem geschuldeten Kaufpreises. In dem hiedurch anhängig gewordenen Prozesse trat die Wittwe des Jakob Bauer mit einer Hauptinvention auf, indem sie mittels einer selbstständig von ihr erhobenen Klage verlangte, daß Büttner vielmehr verurteilt werde, den Kaufpreis samt Zinsen vom Todestage des Jakob Bauer an sie zu bezahlen, da der Kaufpreis ihr persönlich gehöre und ihr verlebter Ehemann nicht das Recht gehabt habe, denselben zu cedieren.

Es ist nun unter Anführung der maßgebenden gesetzlichen Vorschriften und unter entsprechender Begründung anzugeben, wie in obigen Rechtsstreiten zu entscheiden ist.

II. Aufgabe
aus dem Civilrechte.

A hatte nach einer notariellen Schuld- und Pfandverschreibung eine fällige Forderung an B im Betrage von 8000 ℳ, wofür dieser mehrere Grundstücke als Unterpfand bestellt hatte. Er hinterließ bei seinem Tode kein Testament, dagegen vier gesetzliche Erben, den W, X, Y und Z, welche zu gleichen Teilen erbberechtigt waren.

Y übertrug alsbald nach dem Tode des Erblassers den Betrag von 2000 ℳ als den ihm gesetzlich zustehenden Anteil von obiger Forderung mittels eines notarisch errichteten Akts an C gegen einen Cessionspreis von 1900 ℳ. B zahlte, nachdem er von der Cession Kenntnis erlangt hatte, auf Anforderung dem Cessionar auch den cedirten Forderungsbetrag aus, ohne daß die Cession vorher ihm significiert oder von ihm förmlich acceptiert worden wäre. Ueber die geschehene Zahlung ward notarische Quittung ausgestellt, in welcher der Cessionar C zugleich für den gezahlten Betrag die Streichung der bestellten und gehörig inscribierten Hypothek bewilligte. Ueber diese Streichungsbewilligung wurde in den Hypothekenamtsregistern der erforderliche Eintrag gemacht.

Kurz darnach erklärten Y und Z, welch letzterer zu Lebzeiten des Erblassers A durch Schenkung mehr erhalten hatte, als sein gesetzlicher Erbteil ausmachte, gemäß Art. 784 des Code civil auf der Kanzlei des zuständigen Landgerichts, daß sie auf die Erbschaft des A verzichteten, und es wanderten Beide dann nach Amerika aus.

W und X, die beide nichts davon wußten, daß Y bereits einen Teil der zum Nachlasse des A gehörigen, gegen B bestehenden Forderung cediert und der Cessionär den ihm cedierten Forderungsbetrag eingehoben habe, teilten nun den Nachlaß des A allein unter sich, wobei W die Forderung an B in ihrem vollen Betrage von 8000 ℳ auf seinen Erbteil zugeteilt erhielt.

X hatte unter Lebenden ebenfalls vom Erblasser bedeutende Schenkungen erhalten, die er vermöge der gesetzlichen Pflicht zu deren Collation sich auf seinen Erbteil anrechnen zu lassen hatte, so daß er bei der Teilung des Nachlasses von A aus diesem Nachlasse nur mehr den Betrag von 250 ℳ, beziehbar aus dem Erlöse versteigerter Mobilien, zugeteilt erhielt.

X und Z schuldeten indeß an B auf Grund eines gegen beide ergangenen rechtskräftigen Urteils am Todestage des A je 1000 ℳ. Von diesen Schuldverhältnissen wußte W bei Vornahme obiger Teilung nichts. B war auch nicht — gemäß Art. 882 des Code civil — in diese Teilung intervenirt.

Als W nach Vornahme der Teilung den B zur Zahlung der ihm in dieser Teilung zugewiesenen Forderung anhalten wollte, erklärte letzterer, nur mehr 4000 ℳ zu schulden, indem an seiner Gesamtschuld von 8000 ℳ die 2000 ℳ, die er an den Cessionär C bezahlt habe, und außerdem wegen der 1000 ℳ, die er an Z, und wegen der 1000 ℳ, die er an X zu fordern habe, weitere 2000 ℳ, zusammen also 4000 ℳ in Abzug zu kommen hätten. W, X, Y und Z seien nämlich sämtlich gesetzliche Erben des A, und hätten nach dem Grundsatze „le mort saisit le vif" von dem Todestage des A an die rechtliche Gewähre von dessen Nachlaß und sie seien damit auch von diesem Tage an zu dem aliquoten Anteile, zu welchem sie überhaupt erbberechtigt seien, rechtmäßige Inhaber der zum Nachlasse gehörigen Forderungen, also zu je 2000 ℳ Inhaber der gegen B bestehenden Nachlaßforderung geworden.

Letzterer habe daher rechtsgiltig an den C als Erwerber des dem Y zustehenden Forderungsanteils zahlen können, während der Anteil an vorgedachter Forderung, welcher durch den Tod des A dem Z und dem X zugefallen sei, durch Compensation mit den obenerwähnten Gegenforderungen des B eine Herabminderung auf je 1000 ℳ erfahren habe, da die Wirkungen der Compensation von Rechts wegen eintreten.

Durch die nachträgliche Verzichterklärung des Y und des Z, sowie durch die Teilung, welche zwischen W und X vorgenommen wurde, könne an den erworbenen Rechten des B nichts mehr geändert werden und es sei hiefür auch der Umstand ohne Belang, daß dieser in die Teilung nicht intervenirt sei.

W bestritt all dies unter Berufung auf die unterbliebene Intervention in die Teilung, auf seinen guten Glauben, auf die Bestimmung von Art. 883 C.C. sowie auf die Wirkungen der abgegebenen Verzichterklärungen und darauf, daß die fragliche Nachlaßforderung eine hypothekarisch gesicherte und infolge dessen einheitlich und unteilbar geworden sei, weshalb auch die Hypothekenstreichungsbewilligung keine Wirkung haben könne.

Außerdem ward die Zulässigkeit der Compensation damit bestritten, daß X wegen erhaltener Vorempfänge aus dem Nachlasse des A nur mehr einen Betrag von 250 ℳ zu beziehen gehabt hätte, an der Forderung gegen B also höchstens einen Anteil bis zu 250 ℳ hätte beanspruchen können und daher jedenfalls nur in letzterm Betrage die Möglichkeit der Compensation bestehe, was aber, wie gesagt, auch bestritten werde.

Endlich war noch der Mangel der Signification und förmlichen Acceptation der oben erwähnten Cession geltend gemacht, weshalb diese Dritten gegenüber keine Wirkung habe und die an den Cessionar geleistete Zahlung ungiltig sei.

Es ist nun unter Angebung der maßgebenden gesetzlichen Vorschriften und unter entsprechender Begründung anzugeben, wie in der Sache zu entscheiden ist.

Praktischer Fall
aus dem Justizsache.

Aus den nachstehenden Proceduraften und nach Maßgabe der noch weiter eingefügten Bemerkungen ist ein landgerichtliches Urteil in der Form einer Ausfertigung mit allen vom Gesetze vorgeschriebenen inneren und äußeren Erfordernissen sowie mit einer dem Gesetze entsprechenden Entscheidung abzufassen.

Abschrift

5. August 1887.

Teilung

der Gütergemeinschaft, welche zwischen dem in Sanddorf verlebten Ackerer Jakob Mayer und dessen hinterbliebenen Wittwe Barbara geborne Huber bestanden hat.

Heute den fünften August achtzehnhundert sieben und achtzig in der Wohnung der Wittwe von Jakob Mayer in Sanddorf erschienen vor dem K. Notar Schreiber von Homburg: 1. Franz Müller, 2. Johannes Schmidt, beide Ackerer,

3. Barbara, geborne Huber, ohne Gewerbe, Wittwe von Jakob Mayer, weiland Ackerer, alle in Sanddorf wohnhaft, welche dem amtierenden Notar die Ausfertigung eines Urteils der Civilkammer des k. Landgerichts Zweibrücken vom vierzehnten Juli achtzehnhundert sieben und achtzig vorlegten, inhaltlich dessen die Inventur, Teilung und Auseinandersetzung der oben erwähnten Gütergemeinschaft angeordnet, hiemit der amtierende Notar beauftragt, zur Abschätzung der zur fraglichen Masse gehörigen Sachen, überhaupt zu den nötigen Abschätzungen der Schreiner und Ackerer Lorenz Mann in Sanddorf ernannt und um dessen Beeidigung das K. Amtsgericht Homburg ersucht worden ist. Die erwähnte Ausfertigung wird in dieser Urkunde beigefügt.

Vorbericht.

Jakob Mayer und Barbara Huber verheirateten sich ohne vorherige Errichtung eines Ehevertrags in Homburg am zehnten Mai achtzehnhundert acht und siebenzig. Die Ehe blieb kinderlos und starb der Ehemann am zwanzigsten Dezember achtzehnhundert sechs und achtzig, ohne ein Testament errichtet zu haben. Als seine gesetzlichen Erben hinterließ er die oben genannten Franz Müller und Johannes Schmidt. Laut Urkunde des amtierenden Notars vom fünfzehnten Juni achtzehnhundert drei und achtzig hat Jakob Mayer seiner annehmenden Ehefrau eine Schenkung unter Lebenden gemacht, deren Rechtsgültigkeit die erwähnten Erben ausdrücklich anerkennen, und deren Wortlaut folgender ist: „Meiner Ehefrau schenke ich für den Fall, daß sie mich überleben sollte, von den sämtlichen Hausmobilien und dem Vieh, welche an meinem Todestage als unser Eigentum vorhanden sein werden, den auf meinen Nachlaß fallenden Anteil und ferner das kautionsfreie und lebenslängliche und unbeschränkte Wohnungsrecht in meinem Wohnhause, Hausnummer fünf und zwanzig, gelegen an der Obergasse in Sanddorf.“ Die Ländereien, welche zum persönlichen Nachlaß des Erblassers Jakob Mayer gehören, haben die erwähnten Erben bereits laut Urkunde des amtierenden Notars vom sechsten Juli abhin unter sich geteilt und erhielt jeder derselben ein Loos im Schätzungswerte von Neuntausend Mark.

Nachdem die Parteien übereingekommen waren, daß von den Ersatzforderungen und Ersatzleistungen keine Zinsen berechnet werden sollen, jene auch erklärt hatten, daß sie sich bezüglich der Rechte der Ehefrau nach Art. 1465 und 1481 Code civil bereits verständiget und den Kostenpunkt hinsichtlich des obenerwähnten Urteils unter sich bereiniget hätten, wurde zur Aufnahme und Aufstellung der Masse geschritten. Behufs der notwendigen Abschätzungen ist der obenerwähnte Sachverständige erschienen, welcher laut vorliegender Urkunde des Amtsgerichts Homburg vom gestrigen Tage gehörig beeidigt worden ist.

Aktivmasse.

1. Die Hausmobilien und das Vieh:
(folgt nun namentliche Aufzählung und Abschätzung)

	ℳ ₰
Gesamtwert: Dreitausend Mark	3000.—

2. Die übrigen Mobilien und Früchte wurden laut Urkunde des amtierenden Notars vom dritten August jüngst gegen baar versteigert und beträgt der von dem Erben Franz Müller als bestellten Gelderheber vereinnahmte Gesamterlös: Sechshundert fünfzig Mark . . . . . . 650 ℳ

Daraus soll derselbe verrechnen die von ihm bereits vorher aus eigenen Mitteln bezahlten Schulden für kleine Darlehen, Viehkäufe und Handwerker-Rechnungen, welche der Erblasser während der Gütergemeinschaft

ℳ ₰

Übertrag: 650 ℳ 3000.—

kontrahiert hat in dem unbestrittenen Betrage von fünfhundert Mark . . . . 500 „

sodaß noch hieher gehören: Einhundert fünfzig Mark . . . . 150.—

3. Nach übereinstimmender Erklärung der Parteien war am Todestag des Erblassers vorhanden ein Baarbetrag von achtzig Mark, welchen die Wittwe in Händen hat. . . 80.—

4. Ersatzleistungen der Erben des Erblassers:

a. Für aus den Mitteln der Gütergemeinschaft im Jahre achtzehnhundert zwei und achtzig bestrittenen Verwendungen auf den Umbau des dem Erblasser gehörigen Hauses haben dessen Erben nach der allseitig genehmigten Abschätzung des Sachverständigen der Gütergemeinschaft zu ersetzen: fünftausend und zehn Mark . . . . 5010 ℳ

b. die Erben des Erblassers haben nach dessen Tod die Forderungsausstände der Masse vereinnahmt im Betrage von siebenhundert und zehn Mark . 710 „

5720.—

Die Gesamtaktivmasse beträgt sonach: achttausend neunhundert und fünfzig Mark. 8950.—

Passivmasse.

1. Die Ersatzforderung der Erben des Ehemannes für ein während der Ehe und laut Akt des amtierenden Notars vom zwanzigsten Oktober achtzehnhundert drei und achtzig veräußertes Wohnhaus jenes Ehemannes, Hausnummer sechs an der Hauptstraße gelegen, dessen

Kaufpreis während der Ehe bezahlt worden und in die Gütergemeinschaft geflossen ist, beträgt: Sechstausend zweihundert Mark . . . . 6200.—

2. Die Ehefrau hat an die Gütergemeinschaft zu fordern:
   a. für die in die Gütergemeinschaft geflossenen Anteile an den Verkaufspreisen der während der Ehe veräußerten zum Nachlasse ihrer Eltern gehörigen Häuser: Dreitausend siebenhundert und dreißig Mark . . . . 3730 ℳ
   b. Für die Verkaufspreise dreier von ihr in die Ehe gebrachter, laut Privatakten vom fünf- und zwanzigsten Januar und fünfzehnten August achtzehnhundert neun und siebenzig veräußerten Grundstücke: Eintausend Mark . . . 1000 „

4730.—

Gesamtpassivmasse: Zehntausend neunhundert dreißig Mark . . . . 10930.—

Die Auseinandersetzung

unter den Parteien hat nun in folgender Weise zu geschehen:

I. Die Witwe Mayer bezieht:

1. Den Rest des Möbelerlöses und das baare Geld mit zusammen zweihundert dreißig Mark . . 230.—
2. Die Hälfte der Hausmobilien und des Viehs im Schätzungswert von fünfzehnhundert Mark . . . . 1500.—
3. von der Ersatzleistung der Erben des Ehemannes: Dreitausend Mark, wovon jeder der Erben die Hälfte an dieselbe zu bezahlen hat . . . . 3000.—

Gleich ihrer Ersatzforderung . . 4730.—

II. In den Nachlaß des Ehemannes Mayer fällt der Rest der Masse nämlich:

1. Die andere Hälfte der Hausmobilien und des Viehes mit fünfzehnhundert Mark . . . . . 1500.—
2. Der Rest ihrer Ersatzleistung mit zweitausend siebenhundert zwanzig Mark . . 2720.—

4220.—

Den Ausfall ihrer Ersatzforderung mit Eintausend neunhundert und achtzig Mark haben sie allein zu tragen . . . . 1980.—

6200.—

wie sie weiter durch die Schenkung vom fünfzehnten Juni achtzehnhundert drei und achtzig verpflichtet sind, den in den Nachlaß des Ehemannes Mayer gefallenen Anteil an den Hausmobilien und dem Vieh in Vollziehung jener Schenkung an die Witwe Mayer zu überlassen. Aus diesem Grunde wurde es auch, weil überflüssig, unterlassen, eine spezielle Zuteilung der einzelnen dieser Mobilien vorzunehmen.

Die Witwe Mayer erklärte gegen obige Aufstellung und Auseinandersetzung einen Einwand nicht zu erheben, dieselben demnach zu genehmigen; ferner, daß sie zwar berechtigt wäre, für ihre Ersatzforderung sich nach der Erschöpfung der übrigen Barmittel zunächst an die Ersatzleistungen der Erben ihres Ehemannes zu halten, wodurch die sämtlichen Hausmobilien und das Vieh in den Nachlaß ihres Ehemannes fielen und ihr in Vollziehung der Schenkung ausgeliefert werden müßten; allein sie erkläre ein für allemal, daß sie nur die Hälfte dieser Sachen, wie oben geschehen, als Schenkung in Anspruch nehme.

Die Erben des Ehemannes erklärten, daß sie gegen die obige Aufstellung und Auseinandersetzung folgende Streitpunkte erheben, deren nähere Begründung sie sich vorbehalten:

1. Die in der Aktivmasse behandelten Schulden der Gütergemeinschaft könnten den Erben des Ehemannes nicht allein aufgebürdet werden, da die Ehefrau Mayer die

rechtzeitige Inventur unterlassen habe; es wären daher für alle Fälle der ganze Mobiliarerlös mit sechshundert fünfzig Mark, welchen der Miterbe Franz Müller noch in Händen habe und an wen Rechtens herauszugeben jederzeit bereit sei, in die Aktivmasse, und die Schulden mit fünfhundert Mark in die Passivmasse einzustellen.

2. Die Ersatzleistung der Erben des Ehemannes in die Gütergemeinschaft mit fünftausend siebenhundert und zwanzig Mark müsse aus der Aufstellung verschwinden, weil dieselbe durch Zahlung des Erblassers während der Ehe oder doch durch Wettschlagung mit der viel höheren Ersatzforderung von sechstausend zweihundert Mark getilgt sei.

3. Die Ersatzforderung der Witwe Mayer, soweit sie oben im Betrage von eintausend Mark für die am fünf und zwanzigsten Januar und fünfzehnten August veräußerten Grundstücke berechnet sei, müsse auf einhundert sechs und sechzig Mark sieben und sechzig Pfennig herabgesetzt werden.

4. Sollte nach der hiernach zu verbessernden Aufstellung und Auseinandersetzung die Masse zur Befriedigung der Parteien nicht ausreichen, so müßte die Witwe Mayer nicht allein von dem Ausfall, den ihre Ersatzforderung erleide, sondern auch von dem Ausfall, welchen die Ersatzforderung der Erben des Ehemannes treffe, die Hälfte tragen; da in diesen Fällen Schulden der Gütergemeinschaft in Frage stünden, für welche die Witwe Mayer wegen unterlassener rechtzeitiger Inventur zur Hälfte haftbar sei.

Die Witwe Mayer bekämpfte alle diese Streitpunkte als nicht begründet, worauf der Notar die Parteien zur Austragung ihres Rechtsstreites vor das ständige k. Landgericht in Zweibrücken verwies.

Zeitverwendung acht Stunden.

Hierüber Urkunde, welche nach Verlesung von den Parteien und dem Notare unterschrieben wurde. Unter=

schrieben sind: Müller, Schmidt, Barbara Mayer, Mann und Schreiber.

Für die Richtigkeit dieser Abschrift.

Schreiber.

Kaufakt.

Xaver Huber, Ackerer in Sanddorf, verkauft hiemit an Christoph Reich, Ackerer, allda wohnhaft, unter der gesetzlichen Garantie, jedoch ohne Garantie für das angegebene Flächenmaß, folgende im Banne von Sanddorf gelegenen Aecker, nämlich:

1. Plan-Nr. 210. 20 Aren Acker in der Sandgewann, um den Kaufpreis von 250 ℳ.
2. Plan-Nr. 365. 15 Aren Acker in der Langgewann, um den Kaufpreis von 250 ℳ.

Der Käufer wird angewiesen, den Kaufpreis zu bezahlen in drei gleichen Terminen auf Martini dieses Jahres und der beiden folgenden Jahre mit Zinsen zu fünf Prozent von heute an und zwar an Barbara Huber, Ehefrau des hier wohnhaften Ackeres Jakob Mayer.

Doppelt gefertigt und hat jeder der Contrahenten ein Exemplar zu Handen genommen.

Sanddorf, den 25. Januar 1879.

Xaver Huber.

Christoph Reich.

Kaufakt.

Barbara Huber, Ehefrau von Jakob Mayer, Ackerer, letzterer selbst der ehelichen Ermächtigung und Gütergemeinschaft wegen, Karl Huber und Franz Huber, beide ebenfalls Ackerer, alle in Sanddorf wohnhaft, verkaufen unter der gesetzlichen Garantie, jedoch ohne Garantie für das angegebene Flächenmaß, an Caspar Flick, Schneider, in Sanddorf wohnhaft, Plan-Nr. 664. 30 Aren Acker in der Schloßgewann um den Preis von 500 ℳ, welchen Kaufpreis der Käufer in drei gleichen Terminen auf Martini dieses Jahres und der beiden folgenden Jahre mit Zinsen von heute an zu bezahlen angewiesen wird, an die erwähnten Eheleute Mayer.

Doppelt gefertigt und wurde ein Exemplar von den Eheleuten Mayer und das andere von dem Käufer zu Handen genommen.

Sanddorf, den 15. August 1879.

Karl Huber, Kaspar Flick.
Franz Huber,
Barbara Mayer,
Jakob Mayer.

Teilung.

1. Karl Huber, Ackerer, 2. Franz Huber, Ackerer, 3. Barbara Huber, Ehefrau von Jakob Mayer, Ackerer, und letzterer selbst der ehelichen Ermächtigung und Gütergemeinschaft wegen, alle in Sanddorf wohnhaft, haben heute an dem untenstehenden Tage bezüglich des Nachlasses ihrer Eltern Xaver Huber, gestorben am 7. Juni 1879 und Barbara geborne Gaul, gestorben am 10. August 1879 folgenden Vertrag vereinbart:

I. Die Erben erkennen an, daß von den Mobilien des elterlichen Nachlasses ein jedes den dritten Teil erhalten hat.

II. Am ersten April 1877 haben die Eltern ihre sämtliche Immobilien in drei Loose geteilt und ohne Errichtung einer Urkunde an ihre drei damals schon volljährigen Kinder abgetreten, von welch letzteren ein jedes auch sofort die in seinem Loose befindlichen Immobilen in Besitz und Genuß genommen hat.

Hiernach fiel zu:

1. Dem Franz Huber das erste Los, welches folgende Immobilien enthielt:

1. Plan-Nr. 340. 60 Aren Acker in der Langgewann geschätzt zu . . . . 1000 ℳ
2. Plan-Nr. 1720. 60 Aren Acker am Karlsberg . . . . 1000 „
3. Plan-Nr. 840. 45 Aren Wiese im Bruch . 800 „
4. Plan-Nr. 645. 30 Aren Acker in der Schloßgewann . . . . 500 „
5. Plan-Nr. 1632. 30 Aren Acker in der Burggewann . . . . 500 „

3800 ℳ

2. Dem Karl Huber das zweite Los nämlich:

1. Plan-Nr. 342. 60 Aren Acker in der Langgewann . . . . 1000 ℳ
2. Plan-Nr. 1728. 60 Aren Acker am Karlsberg . . . . 1000 „
3. Plan-Nr. 935. 58 Aren Wiese im Bruch . 900 „
4. Plan-Nr. 600. 30 Aren Acker in der Schloßgewann . . . . 400 „
5. Plan-Nr. 1649. 30 Aren Acker in der Burggewann . . . . 500 „

3800 ℳ

3. Der Ehefrau Mayer das dritte Los.

1. Plan-Nr. 210. 20 Aren Acker in der Sandgewann . . . . 250 ℳ
2. Plan-Nr. 365. 15 Aren Acker in der Langgewann . . . . 250 „
3. Plan-Nr. 664. 30 Aren Acker in der Schloßgewann . . . . 500 „
4. Plan-Nr. 940. 1 Hektare Wiese im Bruch . 1800 „
5. Plan-Nr. 1670. 60 Aren Acker in der Burggewann . . . . 1000 „

3800 ℳ

III. Diese Teilung, womit alle Erben am 1. April 1877 einverstanden waren, wollen dieselben auch heute noch aufrecht erhalten, und bestimmen sie, soweit nötig, daß sie auf Grund des heutigen Vertrags bestehe; es erkennen insbesondere die Eheleute Mayer an, daß die am 25. Januar 1879 aus ihrem Lose verkauften, vom Vatergute herrührenden Äcker Plan-Nr. 210 und 365 und der am 15. August 1879 vom Muttergut herrührende Acker Plan-Nr. 664 als der Ehefrau Mayer gehörig gewesen betrachtet werde und daß diese ihren Geschwistern vollkommen gleichgestellt sei.

IV. Die zu der elterlichen Masse gehörigen beiden Wohnhäuser wurden am 20. September 1879 vor Notar Schreiber in Homburg versteigert und erhielt jeder der Miterben von den Steigerlösen 3730 ℳ angewiesen.

V. Hiernach ist das elterliche Vermögen, auf welchem keine Schulden haften, unter den Erben vollständig geteilt.

Dieser Akt ist dreifach gefertigt worden, woran jeder Erbe ein Exemplar zu Handen genommen hat.

Sanddorf, den 30. September 1879.

Karl Huber,
Franz Huber,
Barbara Mayer,
Jakob Mayer.

Klageschrift

für

Franz Müller und Johannes Schmidt, beide Ackerer, in Sanddorf wohnhaft, Kläger durch den unterzeichneten Rechtsanwalt Stark vertreten;

gegen

Barbara Huber, ohne Gewerbe, in Sanddorf wohnhaft, Witwe des allda verlebten Ackerers Jakob Mayer, Beklagte;

Teilungsstreitigkeiten betreffend.

Laut Urkunde vom 5. August 1887 hat der durch Urteil des K. Landgerichts Zweibrücken vom 14. Juli abhin beauftragte Kgl. Notar Schreiber in Homburg die Inventur-

Aufstellung und Auseinandersetzung der Gütergemeinschaft vorgenommen, welche zwischen dem am 20. Dezember 1886 verstorbenen Ackerer Jakob Mayer und dessen hinterbliebenen Witwe, der heutigen Beklagten bestanden hat. Mit der Arbeit des kgl. Notars konnten die Kläger sich nicht einverstanden erklären, vielmehr waren sie zur Verteidigung ihrer Rechte gezwungen, mehrere Streitpunkte zu erheben, deren nähere Begründung und Austragung Gegenstand dieser Klage ist. Zu erwähnen ist noch einleitungsweise, daß die kinderlos gebliebene Ehe der erwähnten Eheleute am 10. Mai 1878 ohne vorherige Errichtung eines Ehevertrages abgeschlossen worden ist, und daß die beklagte Witwe es unterlassen hat, rechtzeitig ein Inventar errichten zu lassen, wie denn der erste Schritt zur Feststellung der Masse erst mit der Möbelversteigerung vom 3. August 1887 geschah und die Fortsetzung und Vollendung durch die obenerwähnte Urkunde vom 5. August 1887 bethätiget wurde. Der Ehemann Mayer hat ein Testament nicht zurückgelassen und sind die Kläger seine gesetzlichen Erben. Durch Urkunde des obengenannten Notars vom 15. Juni 1883 hat der Erblasser eine Schenkung unter Lebenden zu Gunsten seiner Ehefrau gemacht, welche wörtlich also lautet:

„Meiner Ehefrau schenke ich für den Fall sie mich überleben sollte, von den sämtlichen Hausmobilien und dem Vieh, welche an meinem Todestage als unser Eigentum vorhanden sein werden, den auf meinen Nachlaß fallenden Anteil und ferner das kautionsfreie lebenslängliche und unbeschränkte Wohnungsrecht in meinem Wohnhause, Haus-Nr. 25, gelegen in der Obergasse in Sanddorf.“ Bezüglich der Aufstellung der Masse und der Auseinandersetzung bezieht sich Kläger auf die angefochtene Teilungsurkunde.

Was nun die einzelnen Streitpunkte betrifft, so wendet sich der

I^te^. dagegen, daß der Notar in der Aktivmasse nicht den ganzen vom Mitkläger Franz Müller, als bestellten Gelderheber, eingenommenen Mobiliarerlös von 650 ℳ und in die Passivmasse nicht die vom Mitkläger Müller vor dieser Geldeinnahme auf Andrängen der Gläubiger bezahlten und von der Beklagten in der Teilung anerkannte Schulden mit 500 ℳ eingestellt, vielmehr die 500 ℳ Schulden von dem Mobiliarerlös abgezogen und nur den Rest des letzteren mit 150 ℳ als Aktivum behandelt hat.

Dieses Verfahren mag in vielen Fällen einem Anstande nicht unterliegen, wenn es auch juristisch nicht richtig ist; aber in der heutigen Sache, wo eine zur Befriedigung der die Gütergemeinschaft belastenden Schulden und Ansprüche unzureichende Masse vorhanden ist, kann es nicht gebilligt werden. Müller hat die Schulden mit seinem Gelde bezahlt, den vereinnahmten Mobiliarerlös hat er noch in Händen und ist er bereit denselben herauszugeben an wen Rechtens.

Gegen seinen Willen kann keinenfalls wettgeschlagen werden, und er verwahrt sich gegen die Wettschlagung, welche auch der Mitkläger Schmidt bestreitet.

II. Der Ersatzleistung der Kläger an die Gütergemeinschaft im Betrage von 5720 ℳ steht eine später entstandene Ersatzforderung jener an die Gütergemeinschaft von 6200 ℳ gegenüber. Der Erblasser hat also schon während der Gütergemeinschaft die Ersatzleistung getilgt, indem der Verkaufspreis eines ihm gehörig gewesenen Hauses in die Gütergemeinschaft geflossen ist; diese Ersatzleistung besteht demnach nicht mehr. Jedenfalls machen die Kläger die Wettschlagung geltend. Die Folge hievon ist, daß die Ersatzleistung der Kläger aus der Aktivmasse verschwindet und ihre Ersatzforderung in der Passivmasse nur noch mit 480 ℳ einzustellen ist.

Das Interesse der Kläger an diesem Streitpunkte besteht darin, daß sie herbeiführen wollen, daß die Beklagte für ihre Ersatzforderungen, soweit sie bestehen, die Hausmobilien und das Vieh in Anspruch nehmen muß. Dies wird aber auch, wenn der ebenerörterte Gesichtspunkt nicht durchdringen sollte, in anderer Weise erreicht.

Nach dem Gesetze muß die Ehefrau zur Befriedigung ihrer Ersatzansprüche sich zuerst an das bare Geld und dann an die Mobilien halten. Daraus folgt, daß die Beklagte zuerst das bare Geld und den Mobiliarerlös mit zusammen 730 *M* vorwegnehmen und alsdann auf die Hausmobilien und das Vieh greifen muß, sodaß nur für einen etwaigen Ausfall die Ersatzleistung der Kläger in Anspruch genommen werden kann. In dieser Richtung stellen die Kläger zu diesem Steitpunkt einen Subsidiarantrag.

Sollten die Kläger mit keinem dieser beiden Gesichtspunkte obsiegen, so sind sie damit einverstanden, daß die Beklagte ohne besondere Ausscheidung der fraglichen Hausmobilien 2c. die Hälfte derselben dem Werte nach für ihre Ersatzforderung vorwegnehmen und in diesem Falle ihr die andere Hälfte als Ausführung der in ihrer Rechtsgültigkeit an sich nicht bestrittenen Schenkung überwiesen werde, da sie die Auslegung der Schenkung in diesem Sinne, als die ihnen günstige anerkennen müßten.

III. Streitpunkt. Unter der in der Passivmasse zu 4730 *M* berechneten Ersatzforderung der Beklagten befindet sich ein Betrag von 1000 *M* für am 25. Januar und 15. August 1879 verkaufte Äcker, welche die Beklagte angeblich in die Ehe eingebracht hätte. Nach den Verhandlungen vor dem Notare steht nur so viel fest, daß die Eltern der Beklagten am 1. April 1877 an ihre Kinder ohne jegliche Form ihre sämtlichen Äcker übergaben und in das Los der Beklagten die drei nachher verkauften Äcker fielen. Daß damit aber Eigentum nicht übertragen wurde und weil der Übertrag nicht in der Form eines Notariatsakts geschehen, auch nicht übertragen werden konnte, geht daraus hervor, daß in dem Kaufvertrag vom 25. Januar 1879 der Vater und in jenem vom 15. August 1879 nach dem Tode der Eltern die Kinder derselben als Erben als Verkäufer auftreten, aber die Kaufpreise an die Beklagte anwiesen, demnach weist der Privatakt vom 25. Januar 1879 nur die Zuwendung einer Mobiliarforderung und der Privatakt vom 15. August 1879 nur den Verkauf des der Beklagten zustehenden Drittels an dem noch im Miteigentum der Erben gestandenen Ackers nach, sodaß nur durch letzteren Akt eine Ersatzforderung von 166 ℳ 67 ₰ begründet worden ist. Die Beklagte berief sich bei dem Notar noch auf die Teilung mit ihren Geschwistern vom 30. September 1879, worin anerkannt sei, daß die drei verkauften Grundstücke Eigentum der Beklagten gewesen wären. Allein diese Teilung konnte die anfänglichen Mängel der Uebertragung vom 1. April 1877 nicht heilen und nur vom Tage jener Teilung selbst an Wirkung haben.

IV. Falls die Kläger in den vorhergehenden Streitpunkten obsiegen, würde sich die Ersatzforderung der Beklagten auf 3896 ℳ 67 ₰ herabmindern und für dieselbe nur noch ein Aktivum von 3730 ℳ vorhanden sein, sodaß eine ungedeckte Restschuld der Gütergemeinschaft an die Beklagte von 166 ℳ 67 ₰ sich ergibt, von welcher die Beklagte, weil sie nicht rechtzeitig inventirt daher das Beneficium emolumenti verwirkt hat, die Hälfte selbst tragen muß. (Art. 1482 ff. Code civil). Selbstverständlich, wie aber auch nach ausdrücklicher Vorschrift des Art. 1484 c. c., muß sie die Hälfte der ungedeckten Restschuld der Gütergemeinschaft an die Kläger von 480 ℳ den Klägern, sowie dem Mitkläger Franz Müller die Hälfte der von ihm im Betrage von 500 ℳ bezahlten Schulden vergüten.

Unter allen Umständen haben die Kläger ein Recht darauf, daß die Beklagte auch einen, je nach dem Ausfall dieses Prozesses etwa höheren Ausfall an der klägerischen Ersatzforderung hälftlich vergüten muß.

Aus diesen Gründen

wird der klägerische Rechtsanwalt bei der mündlichen Verhandlung der Sache den Antrag stellen, daß es dem k. Landgerichte gefallen wolle, indem es über die gegen die Teilung des Notar Schreiber in Homburg vom 5. August 1887 erhobenen Streitpunkte Recht spricht, zu erkennen:

I. daß der ganze Mobiliarerlös aus der Versteigerung vom 3. August 1887 mit 650 ℳ in die Aktivmasse, dagegen die von dem Mitkläger Müller bezahlten Schulden mit 500 ℳ in die Passivmasse einzustellen sind.

II. Daß die Ersatzleistung der Kläger in die Gütergemeinschaft im Betrage von 5720 ℳ durch Zahlung, jedenfalls durch Wettschlagung mit der höheren Ersatzforderung der Kläger getilgt, daher jene Ersatzleistung aus der Aktivmasse zu entfernen und demgemäß auch in die Passivmasse als Ersatzforderung der Kläger nur ein Restbetrag von 480 ℳ einzustellen sei;

subsidiarisch, daß die Beklagte für ihre Ersatzforderung vor der Ersatzleistung der Kläger das bare Geld und den Mobiliarerlös mit zusammen 730 ℳ und alsdann die Hausmobilien und das Vieh nach dem Schätzungswert in der Teilung vorwegnehmen müsse;

III. daß der Beklagten nur eine Ersatzforderung von 3896 ℳ 67 ₰ zusteht, zugleich die Mehrforderung als unbegründet abzuweisen,

IV. daß die Beklagte die Hälfte ihrer durch die Gütergemeinschaft nicht gedeckten Resterfatzforderung und der Ersatzforderung der Kläger an die Gütergemeinschaft, sowie der von Franz Müller bezahlten 500 ℳ betragenden Schulden der Gütergemeinschaft zu tragen, bezw. zu bezahlen verpflichtet ist.

Sofort die Parteien zur Berichtigung und Abschließung der Teilung vor den Notar-Commissär Schreiber zurückzuverweisen und der Beklagten die Prozeßkosten zu Last zu legen.

Zweibrücken, 18. Oktober 1887.

Der Rechtsanwalt der Kläger.

Stark.

Bemerkungen:

1. In dem Original der Klageschrift und in der der Beklagten zugestellten beglaubigten Abschrift ist die Aufforderung an die Beklagte, einen bei dem k. Landgerichte Zweibrücken zugelassenen Rechtsanwalt zu bestellen

und die Ladung zur mündlichen Verhandlung über die Klage in die vom Vorsitzenden der Zivilkammer jenes Gerichts bestimmte Sitzung enthalten.

2. In gleicher Weise enthalten Original und Abschrift für die Beklagte die Anberaumung des Termins zur mündlichen Verhandlung in die öffentliche Sitzung, als welchen der Tag anzunehmen ist, an welchem der praktische Fall zur Ausarbeitung vorliegt.

3. Die Zustellung der Klageschrift an die Beklagte geschah ordnungsmäßig durch den Gerichtsvollzieher Feder in Zweibrücken bei der Post daselbst am 20. Oktober 1887 und am nämlichen Tage durch den Postboten Laufer in Homburg an die Beklagte persönlich.

Alles dies ist in der mündlichen Verhandlung durch den Rechtsanwalt der Kläger dem Gerichte entsprechend mitgeteilt worden.

Klagebeantwortung

für

Barbara Huber, ohne Gewerbe, in Sanddorf wohnhaft, Witwe des allda verlebten Ackerers Jakob Mayer, Beklagte durch den unterzeichneten Rechtsanwalt Dick vertreten;

gegen

Franz Müller und Johannes Schmidt, beide Ackerer, in Sanddorf wohnhaft, Kläger, durch Rechtsanwalt Stark vertreten.

Die Kläger verfolgen mit ihrer Klage den nicht verhüllten Zweck, die Beklagte um die ihr von ihrem Ehemanne gemachte Schenkung zu bringen; die allerdings gegenstandslos würde, wenn nach den Verhältnissen der Teilungsmasse die Beklagte gezwungen wäre, zur Befriedigung für ihre Ersatzforderung die Hausmobilien und das Vieh ganz in Anspruch zu nehmen, da alsdann auf den Nachlaß des Schenkgebers nichts von jenen Sachen fallen würde. Die Beklagte könnte aber ebenso gut sich für ihre Ansprüche aus der Masse in einer Weise befriedigen, daß die sämtlichen Hausmobilien und das Vieh dem Nachlasse des Ehemannes anheimfielen, wodurch alles dies auch Gegenstand der Schenkung werden würde, und trotzdem die Beklagte der Schenkung die Auslegung gibt, daß in allen Fällen nur die Hälfte jener Sachen geschenkt werden wollte, also dem Interesse der Kläger in der liberalsten Weise entgegenkommt, trotzdem sie ferner auf die Zinsen ihrer Ersatzforderung verzichtet und den Klägern auch die Zinspflicht ihrer Ersatzleistung nachgesehen, ja sogar auf ihre Ansprüche aus Art. 1465 und 1481 C.C. verzichtet hat, entblöden sich die Kläger nicht, in solcher Weise ihr gegenüber zu treten.

Übrigens werden sie dieses Verhalten mit dem Verluste dieses nach allen Seiten hin unbegründeten Rechtsstreits büßen müssen.

I. Was den ersten Streitpunkt betrifft, so läßt sich ein Interesse der Kläger hieran gar nicht denken. Durch die Zahlung hat Kläger Müller die fraglichen Schulden getilgt (Art. 1234 C.C.); und da er weder durch Cession noch durch Subrogation in die Rechte der Gläubiger eingetreten ist, so hätte er nicht einmal ein Recht auf die vom Notar gemachte Verrechnung durch Wettschlagung gehabt, wie es aber auch höchst auffallend ist, daß die Kläger, welche in einem andern Streitpunkt so großen Wert auf die Wettschlagung legen, gerade hier nichts davon wissen wollen, obwohl dieselbe, sofern sie begründet ist, von Rechtswegen eintritt. Sofern übrigens die Verrechnungsweise des Notars nicht gebilligt werden sollte, so bestreitet die Beklagte zwar nicht die Thatsache, daß Kläger Müller die Schulden der Gütergemeinschaft in dem geforderten Betrag bezahlt hat, wohl aber aus dem bereits hervorgehobenen Grunde die Folge, daß Kläger Müller, welcher nicht in die Rechte der ursprünglichen Gläubiger eingesetzt worden, zulässig sei, die Forderung noch gegen die Gütergemeinschaft geltend zu machen. Mit der Verrechnungsweise des Notars war sie einverstanden, andernfalls hätte sie jene Forderung sofort bestritten. Von einer Anerkennung der fraglichen Forderung kann daher keine Rede sein.

II. Streitpunkt. Über den verwerflichen Zweck dieses Streitpunktes hat die Beklagte sich bereits ausgesprochen. Daß der Ehemann Mayer schon während der Ehe die Ersatzleistung zurückbezahlt haben sollte und zwar durch die von der Gütergemeinschaft vereinnahmten Gelder, auf welche sich die in der Teilung berechnete Ersatzforderung der Kläger mit 6200 ℳ gründet, das ist eine Behauptung, welche sich rechtlich gar nicht aufrecht erhalten läßt; und mit den Grundsätzen über die Teilung der ehemaligen Gütergemeinschaft im Widerspruch steht, ganz abgesehen davon, daß sich auch eine Zahlung durch datio in solutum rechtlich nicht construieren läßt; aber auch die Einrede der Wettschlagung ist nicht begründet, da die gesetzlichen Voraussetzungen fehlen. Die Erben des Ehemannes können sich nur aus demjenigen Teile der Masse bezahlt machen, welchen die Ehefrau nach ihrer Befriedigung zurückläßt, wie es auch der Beklagten freisteht, ja sogar der Vorschrift des Gesetzes entspricht, daß sie sich vor der Inanspruchnahme der Mobilien an die Ersatzleistung der Kläger hält, weil diese in Bar in die Gemeinschaftsmasse einzuwerfen ist. Übrigens übersehen die Kläger, daß nicht einmal die ganze Ersatzleistung von 5720 ℳ in ihre Ausführungen paßt, sondern davon jedenfalls der Betrag von 710 ℳ, der eventuell in bar der Masse zugeführt werden müßte, auszuscheiden wäre.

III. Streitpunkt. Aus der thatsächlichen Aufstellung in der Klageschrift ergibt sich mit zwingender Notwendigkeit die Begründung des bestrittenen Ersatzanspruchs der Beklagten, welchen die Kläger nur deshalb anzuerkennen verweigern, weil sie von durchaus unrichtigen Rechtsanschauungen ausgehen. Sie scheinen zu übersehen, daß zur Zeit der elterlichen Übertragung vom 1. April 1877 der Art. 219 des Ausführungsgesetzes zur Reichscivilprozeß- und Concurs-Ordnung noch gar nicht in Geltung, also eine mündliche formlose

Übertragung von Immobilien statthaft war. Es waren auch nur formelle Gründe, nämlich, weil die fraglichen Äcker im Kataster noch nicht auf den Namen der Beklagten eingetragen waren und nicht materiell rechtliche Gründe dafür maßgebend, daß bei den bestrittenen Verkäufen der Vater und beziehungsweise die Erben der Eltern als Verkäufer aufgetreten sind, welche gerade durch die Anweisung des Kaufpreises an die Beklagte deren Eigentumsrechte anerkannt haben. Übrigens kann der Beklagten nicht bestritten werden, daß sie seit 1. April 1877 im Besitze jener Äcker war, also mit diesem Besitze in die Ehe eingetreten ist; jedenfalls sind alle etwa bestehenden Mängel der Übertragung vom 1. April 1877 durch die Teilung vom 30. September 1879, welche jene Übertragung ausdrücklich genehmigte, gehoben, wie auch die deklarative Wirkung der Teilung zu Gunsten der Beklagten angerufen werden kann. Jedenfalls ist aber doch der Kaufakt vom 15. August 1879 bezüglich des den Gegenstand desselben bildenden Grundstücks als ein Teilungsakt unter den Erben zu Gunsten der Beklagten aufzufassen, da durch die Anweisung des Kaufpreises an die Beklagte doch offenbar die übrigen Miterben die Erklärung abgeben wollten, daß das fragliche Grundstück der Beklagten gehöre, oder doch von ihnen derselben zugeteilt werde. Hiernach wäre äußersten Falles der Betrag von 500 ℳ als Ersatzforderung gerechtfertigt.

IV. Streitpunkt. Die von den Klägern gemachte Berechnung des Ersatzanspruchs der Beklagten geht von Voraussetzungen aus, welche bei Gericht kaum Anklang finden werden. Dieser Ersatzanspruch ist jedenfalls, soweit die Masse nicht reichen sollte, von den Klägern, als Erben des Ehemannes vollständig zu decken. Übrigens reichen die Mittel der Masse zur Deckung aus. Sicher ist nur so viel, daß die Kläger einen beträchtlichen Ausfall an ihrer Ersatzforderung erleiden werden und bleibt daher nur die Frage übrig, ob die Beklagte den Klägern für die Hälfte ihres Ausfalls haftet. Richtig ist, daß die Beklagte nicht rechtzeitig inventiert hat, allein daß dies die Folge hätte, daß sie für die Schulden unter allen Umständen ultra emolumentum haftet, das mag dahin gestellt bleiben; jedenfalls ist wenigstens für den erwähnten Ausfall an der Ersatzforderung ihres Ehemannes beziehungsweise der Kläger entscheidend, daß eine gesetzliche Vorschrift nicht besteht, welche der zurückgebliebenen Ehefrau eine solche Verbindlichkeit auferlegt, und was die von Kläger Müller bezahlten Schulden betrifft, so ist bereits zum I. Streitpunkt ausgeführt, daß diese gar nicht mehr bestehen.

Aus diesen Gründen

gefalle es dem K. Landgerichte, die Klage als in allen Streitpunkten unbegründet abzuweisen und den Klägern solidarisch die Prozeßkosten zur Last zu legen.

Zweibrücken, den 24. November 1887.

Der Rechtsanwalt des Beklagten.

Dick.

Bemerkung. Aus einer Bescheinigung auf dem Original des vorstehenden Schriftsatzes in den Handakten des Rechtsanwalts Dick geht hervor, daß obiger Schriftsatz dem Rechtsanwalte Stark am 25. November 1887 von kurzer Hand zugestellt worden ist.

Erwiderung auf die Klagebeantwortung

für

Franz Müller und Johannes Schmidt, beide Ackerer, in Sanddorf wohnhaft, Kläger durch Rechtsanwalt Stark

gegen

Barbara Huber, Witwe des Jakob Mayer, in Sanddorf wohnhaft, Beklagte durch Rechtsanwalt Dick vertreten.

Die Klägerin konnte keine Zinsen von ihrer Ersatzforderung und ebensowenig Vergütung nach Art. 1465 und 1481 c.c. verlangen, weil sie bis zum 3. August 1887, dem geteilten Umlagen aus 70, 8 und bezw. 100 ℳ Gesamtsteuer zu bezahlen und daß falls sie auf ihrer Weigerung beharren sollten, die Akten dem K. Bezirksamte A mit der Bitte um Entscheidung vorzulegen seien.

Hiebei wurden die von den Beteiligten gemachten Angaben über die Konfessionszugehörigkeit der betreffenden Familien als richtig bestätiget und wurde zur Begründung des Beschlusses noch weiter hervorgehoben:

ad. 1. daß es der herrschenden Praxis entspreche, daß der in gemischter Ehe lebende Mann zu den Kultus-Umlagen der Konfession seiner Frau beizutragen und daß Heinrich Müller als der Nutznießer des Sondergutes seiner minderjährigen Kinder auch die Lasten zu tragen habe;

ad 2. daß von jeher die Katholiken in Rohrbach Kultus-Umlagen nach Mühlheim bezahlt haben, wenn auch als richtig zugestanden werden müsse, daß die Filiale Rohrbach ein Recht auf einen ständigen Gottesdienst durch den Kaplan von Mühlheim in der Filialkirche zu Rohrbach besitze;

ad 3. daß, wenn auch die Familie des Fabrikanten Fink wegen der besseren Erziehung der Kinder in der Stadt Landau wohne, doch Fabrikant Ludwig Fink, wenn er nicht auf Geschäftsreisen sich befinde, stets zur Leitung des Geschäftes, sowohl der Fabrikation wie auch des Komptoirs, in Rohrbach sich aufhalte und nur an arbeitsfreien Tagen (Sonn- und Feiertagen) sich zu seiner Familie nach Landau begebe.

Nachdem die Akten bei der fortgesetzten Weigerung der genannten drei Umlagpflichtigen Zahlung zu leisten, dem Beschlusse des Fabrikrats gemäß dem K. Bezirksamte A zur instanziellen Bescheidung in Vorlage gebracht worden waren, pflog dasselbe Erhebungen, welche ergaben, daß Heinrich Müller, dessen Ehefrau und Kinder, desgleichen Friedrich Schmid und dessen Frau, wie angegeben, mit Steuern in

Rohrbach angelegt sind. Bezüglich des Fabrikanten Fink wurde weiterhin amtlich festgestellt, daß er nach der Liste der Kapitalrentensteuerpflichtigen der Stadt Landau daselbst mit einer jährlichen Kapitalrentensteuer von 1000 ℳ eingesteuert ist, im Übrigen, wie bei den Verhandlungen vorgetragen, im Sprengel der Steuereinnehmerei Mühlheim, wohin außer den Gemeinden Mühlheim und Rohrbach auch noch die Gemeinde Oberhausen gehört, mit 100 ℳ Gewerbe-, Haus- und Grundsteuer veranlagt ist, wovon 5 ℳ Grundsteuer auf einen im Banne von Oberhausen, Gemeinde und kathol. Pfarrei gleichen Namens, gelegenen Wald entfallen, während alle übrigen Realitäten im Banne von Rohrbach gelegen sind, woselbst auch der gewerbliche Betrieb stattfindet. Weiter wurde vermittelt, daß Fabrikant Fink an Vorabenden von Sonn- und Feiertagen regelmäßig zu seiner Familie nach Landau sich begebe, am nächsten Arbeitstage nach dem Sonn- oder Feiertage aber ebenso regelmäßig nach Rohrbach wieder zurückkehre, sodann daß in den Monaten August und September dessen Familie mit Dienerschaft in Rohrbach verweile, während in Abwesenheit der Familie, also zehn Monate des Jahres hindurch, Fabrikant Fink keine eigene Dienerschaft bei sich in Rohrbach hat, sondern von der Frau des Fabrikportiers bedient wird und in einem Gasthause zu Rohrbach speist.

Endlich wurde auch noch aktenmäßig gemacht, daß Heinrich Müller und dessen Braut Johanna Rist im Jahre 1869 das Anwesen Nr. 70 in Rohrbach samt Grundbesitz mit ihrem beiderseitigen elterlichen Vermögen erkauft haben und daß zwischen denselben ein Ehevertrag nicht besteht.

Es ist nunmehr der nach Lage der Sache veranlaßte bezirksamtliche Beschluß zu entwerfen.

Frage
aus dem protestantischen Kirchenrechte.

In der Gemeinde Kunzenheim, Regierungsbezirk der Pfalz, waren bis zum Anfange dieses Jahrhunderts alle Einwohner protestantischer Konfession.

Die protestantische Kirchengemeinde besitzt seit unvordenklicher Zeit eine Kirche, und um diese Kirche herum liegt der Begräbnisplatz.

Dieser Begräbnisplatz war, so lange keine anderen Konfessionsverwandten in Kunzenheim wohnten, Eigentum der protestantischen Kirchengemeinde.

Als aber vom Jahre 1810 an in Folge der Auffindung ergiebiger Kohlengruben die Bevölkerung namhaft sich vermehrte und auch andere Konfessionsverwandte in die Gemeinde einzogen, wurde der Begräbnisplatz gemäß dem Dekrete vom 23. Frairial XII auf Kosten der politischen Gemeinde im Jahre 1812 erweitert und seitdem noch mehreremale.

Heute ist der ganze Begräbnisplatz einschließlich des früher der protestantischen Gemeinde gehörig gewesenen Teiles desselben unbestritten Eigentum der politischen Gemeinde, während die Kirche protestantisches Eigentum geblieben ist.

Die in die Gemeinde Kunzenheim seit 1810 eingewanderten Konfessionsverwandten sind Katholiken, Juden und Mennoniten, welche je besondere kirchliche Gemeinden bilden.

Im Jahre 1820 wendete sich die Judengemeinde Kunzenheim an die dortige protestantische Kirchengemeinde mit der Bitte, ihr zu gestatten, daß bei Begräbnissen von Juden mit den Glocken der oben erwähnten protestantischen Kirche geläutet werde gegen eine ein für allemal zu zahlende Entschädigung von 200 fl.

Die protestantische Kirchengemeinde erklärte sich damit einverstanden und es wurde im Jahre 1820 zwischen beiden Parteien ein bezüglicher Vertrag abgeschlossen.

Das K. Landkommissariat N., welches um Genehmigung des Vertrages angegangen wurde, gab denselben am 16. Februar 1820 den Beteiligten zurück mit der Erklärung, „daß eine Genehmigung nicht nötig sei, und daß im übrigen gegen den Vollzug des Vertrages keine Erinnerung bestehe.“

Seitdem wurde er unbeanstandet vollzogen.

Im Jahre 1887 zersprang eine der Glocken der protestantischen Kirche und sollte durch eine neue ersetzt werden.

Die Mennonitengemeinde Kunzenheim, welche sich für ihre Angehörigen das Grabgeläute sichern wollte, kam mit dem Presbyterium der protestantischen Gemeinde dahin überein, daß die Mennonitengemeinde die Hälfte der Kosten der neuen Glocke bezahlt, wogegen ihr für ewige Zeit das Recht zustehen soll, bei Beerdigung von Angehörigen mit den Glocken der protestantischen Kirche zu läuten.

Die bezügliche Übereinkunft wurde dem K. Bezirksamte zur Genehmigung vorgelegt.

Als die katholische Kirchengemeinde Kunzenheim, welche die fraglichen Glocken gemäß § 103 der II. Verfassungsbeilage benützt, von diesem Übereinkommen zwischen der protestantischen und der Mennonitengemeinde hörte, wandte sich der Fabrikrat an das K. Bezirksamt mit einem förmlichen Proteste gegen das fragliche Übereinkommen und beantragte, demselben die Genehmigung zu versagen, da gemäß der Überschrift des Kap. II der II. Verfassungsbeilage den Katholiken ein Simultanrecht an den fraglichen Glocken zustehe und die Protestanten nicht beliebig Dritten Rechte daran einräumen könnten.

Ferner griff der Fabrikrat das zwischen Juden und Protestanten im Jahre 1820 getroffene Übereinkommen aus denselben Gründen an. Der Fabrikrat hatte nämlich bisher von diesem Übereinkommen keine Kenntnis. Er beantragt, dasselbe für nichtig zu erklären.

Der protestantische Pfarrer in Kunzenheim, welcher in der betreffenden Sitzung des Presbyteriums gegen das Übereinkommen mit den Mennoniten gestimmt hatte, behauptete im „Namen des Pfarramtes“ die Unzuständigkeit des Bezirksamtes, da Kirchenglocken res sacrae seien auch nach protestantischen Kirchenrechte, und die Verfügung über die Kirchenglocken weder dem Presbyterium noch den weltlichen Behörden zustehe, sondern lediglich der geistlichen Gewalt. Eventuell beantragt er Nichtgenehmigung des Übereinkommens.

Der Pfarrer erklärt gegen den Gebrauch der Glocken durch die Juden keine Erinnerung zu erheben, da die Sache verjährt sei.

Das protestantische Presbyterium beantragte trotz dieser Einwendungen, von denen dasselbe Kenntnis erhielt, die Genehmigung des zwischen ihm und der Mennonitengemeinde abgeschlossenen Vertrages, wies die Anträge des katholischen Fabrikrates zurück, behauptete die Unzuständigkeit der Verwaltungsbehörde über den zwischen dem Presbyterium und dem Synagogenausschuß im Jahre 1820 abgeschlossenen Vertrag zu erkennen und sprach dem protestantischen Pfarrer jedes Recht ab, in der fraglichen Sache lediglich als Pfarrer sich einzumischen.

Die Kandidaten haben eine mit Gründen versehene bezirksamtliche Entscheidung zu entwerfen.

Praktische Aufgabe

aus dem Bereiche der inneren Verwaltung.

Der Gemeinderat der Gemeinde W, Bezirksamtes Pirmasens, besteht aus dem Bürgermeister, einem Adjunkt und 10 Gemeinderäten.

Infolge von Zwistigkeiten in der Gemeinde erklärten am 5. August 1887 der Adjunkt und die 10 Gemeinderäte ihren Austritt aus dem Gemeinderate. Bürgermeister Johann Gengler erklärte, daß er zwar das Bürgermeisteramt niederlege, daß er aber in die Reihe der Gemeinderäte, welchen er bis zu seiner Wahl zum Bürgermeister angehört habe, wieder eintrete.

Das K. Bezirksamt Pirmasens ordnete nun gemäß Art. 58 Abs. 3 bis 5 der Gemeindeordnung für die Pfalz vom 29. April 1869 sogleich die Vornahme einer außerordentlichen Ersatzwahl an.

Die erforderlichen Einleitungen zur Wahl wurden getroffen und die Wahl selbst am 10. September 1887 vollzogen, und zwar geschah beides — soweit sich nicht etwa aus der nachstehenden Geschichtserzählung das Gegenteil ergibt — in gesetzmäßiger Weise.

In der von dem Bezirksamtsvorstand als Wahl-Kommissär nach Art. 109 Abs. 2 der Gemeindeordnung erlassenen Bekanntmachung war bemerkt, daß 10 Gemeinderäte und vier Ersatzmänner, dann 1 Bürgermeister und 1 Adjunkt zu wählen seien.

Im weiteren Verlaufe ergab sich nun folgendes:

I.

Bei der in einem Wahlgange vollzogenen Wahl von 10 Gemeideräten und 4 Ersatzmännern erhielten die nachbenannten Personen die meisten Stimmen, nämlich:

A, B, C, D, E, F, G, H und J je 80,
K 76,
L, M und N je 75,
O 74, P 64, Q 60, R 59.

Bei Feststellung des Wahlergebnisses wurde von dem Wahlausschusse in folgender Weise verfahren:

1. Die auf **A** gefallenen Stimmen wurden für ungiltig erklärt, weil der Name desselben in der Wahlliste nicht vorgetragen und A daher nicht wählbar sei. A hatte zwar wegen Weglassung seines Namens aus der Wahlliste rechtzeitig reklamiert, indem er geltend machte, daß er Gemeindebürger und wahlberechtigt sei; seine Reklamation war jedoch durch Beschluß des Gemeinderates W vom 30. August und

auf erhobene Beschwerde des A durch bestätigenden Beschluß des kgl. Bezirksamtes Pirmasens vom 4. September 1887 verworfen worden, und die hiegegen rechtzeitig zum K. Verwaltungsgerichtshofe erhobene Beschwerde war noch nicht beschieden.

2. Ebenso wurden die auf **B** gefallenen Stimmen vom Wahlausschuß für ungiltig erklärt, weil B das 25. Lebensjahr noch nicht vollendet habe und daher nicht wählbar sei.

(In der Wahlliste ist B zwar vorgetragen jedoch mit der Bemerkung: „am 12. September 1862 geboren, daher noch nicht wählbar.")

3. Hienach seien als giltig gewählt anzuerkennen: C, D, E, F, G, H, I, K, L, M, dann N, O, P, Q, die ersten 10 als Gemeinderäte, die letzteren 4 als Ersatzmänner.

4. Die Genannten wurden vorgerufen und erklärten, mit Ausnahme des C und D, die Annahme der Wahl. **C** und **D** lehnten ab.

E erklärte, er habe zwar vor mehreren Jahren seinen Wohnsitz von W wegverlegt und wohne seitdem nicht mehr daselbst, obschon er dort noch ein Wohnhaus besitze; er werde nun aber seinen Wohnsitz sofort nach W zurückverlegen und werde fortan hier wohnen. Der Wahlausschuß erklärte sich hiedurch beruhigt und erkannte die Wahl des E als giltig an.

(In der Wahlliste war der Name des E mit dem Beisatz vorgetragen: „Nicht hier wohnhaft, Wahlrecht ruht.")

5. Der Wahlausschuß beschloß nun weiter, daß für C und D die Ersatzmänner N und O als Gemeinderäte einzutreten haben, so daß als Ersatzmänner nur P und Q übrig blieben.

II.

An der nun folgenden Wahl des Bürgermeisters beteiligten sich nur 6 Gemeinderäte, nämlich E, F, G, H, J K, während L, M, N und O von der Wahl ferne blieben. Das Ergebnis war, daß 3 Stimmen auf E und 3 Stimmen auf H fielen. Zu dem gleichen Ergebnisse führte ein zweiter Wahlgang. Hiebei ist zu bemerken, daß in beiden Wahlgängen nach Art. 120 Abs. 2 der Gemeindeordnung verfahren wurde.

Da auf diesem Wege die erforderliche absolute Mehrheit nicht zu erzielen war, so ließ der Wahlkommissär an die sämtlichen Gemeinderäte unter Hinweis auf Art. 21 des Polizeistrafgesetzbuches vom 26. Dezember 1871 die Aufforderung ergehen, sich bei Vermeidung einer Geldstrafe von 45 ℳ zur Wahl des Bürgermeisters einzufinden. Hierauf beteiligten sich am 3. Wahlgange die sämtlichen 10 Gemeinderäte E, F, G, H, J, K L, M, N und O.

Die 4 Letztgenannten — L, M, N, O — gaben zunächst einen förmlichen Protest gegen die erfolgte Strafandrohung zu Protokoll, mit dem Beifügen, daß sie an der heutigen Wahl nur gezwungen teilnähmen.

Nunmehr wurde **F** mit 6 Stimmen zum Bürgermeister und sodann in einem weiteren Wahlgange **J** mit gleich vielen Stimmen zum Adjunkten gewählt; je 4 von den bei beiden Wahlhandlungen abgegebenen Wahlzetteln waren unbeschrieben.

Der Wahlausschuß beschloß hierauf, daß an Stelle des F und J die Ersatzmänner **P** und **Q** als Gemeinderäte einzutreten haben.

III.

Innerhalb der gesetzlichen 14tägigen Frist kamen bei dem K. Bezirksamte Pirmasens folgende Beschwerden ein:

1. Der bisherige Bürgermeister Joh. Gengler erhob Beschwerde, weil er das Recht habe, Gemeinderat zu bleiben und weil dieses Recht bei der stattgehabten Wahl völlig ignoriert worden sei. Er bitte, ihn als Gemeinderat anzuerkennen und demgemäß auszusprechen, daß Q aus dem Gemeinderate auszuscheiden habe und lediglich als Ersatzmann anzuerkennen sei.

2. Der Beschluß des Wahlausschusses, daß die auf A gefallenen Wahlstimmen nicht zu beachten seien und sohin dessen Wahl als ungiltig zu erachten sei, wurde von **A** angefochten, mit der Bitte, ihn als zum Gemeinderate gewählt anzuerkennen. Hiebei wies A nach, daß inzwischen sein Wahlrecht durch Entscheidung des K. Verwaltungsgerichtshofes vom 20. September ds. Jrs. Anerkennung gefunden habe.

3. **B** beschwerte sich, weil der Wahlausschuß die auf ihn gefallene Wahl mit Unrecht für ungiltig erklärt habe. Hiebei lieferte er durch Vorlage eines standesamtlichen Geburtsregisterauszuges den Nachweis, daß er am 12. Septbr. 1862 geboren sei und sohin am 12. September 1887 das 25. Lebensjahr vollendet habe. Hiemit sei der Absicht des Gesetzes Genüge geschehen.

4. **L**, **M**, **N** und **O** stellten den Antrag, die Wahl des F zum Bürgermeister als ungiltig aufzuheben, weil hiebei gegen die Wähler ungesetzlicher Zwang zur Teilnahme an der Wahl geübt worden sei.

IV.

Durch das Bezirksamt Pirmasens wurde mit sämtlichen Beteiligten mündlich Verhandlung gepflogen und hiebei festgestellt, daß E sofort nach der Gemeinderatswahl in W dort seine ständige Wohnung genommen hat und daselbst seitdem wohnt, dann daß H Schwiegersohn des K ist.

V.

Das genannte Bezirksamt erließ nun unterm 15. Oktbr. 1887 folgenden Beschluß:

I. Der bisherige Bürgermeister Joh. Gengler sei, seinem Beschwerdeantrag entsprechend, als Gemeinderat von W anzuerkennen.

Ebenso sei

II. Beschwerdeführer **A** als zum Gemeinderate gewählt anzuerkennen.

III. Die Beschwerde des **B** sei zu verwerfen.

IV. Die Wahl des **E** zum Gemeinderate sei von Amtswegen für nichtig zu erklären.

V. Auf die Beschwerde des L, M, N und O sei die Wahl des F zum Bürgermeister als ungiltig aufzuheben, und habe die Neuwahl eines Bürgermeisters stattzufinden.

VI. Der zum Gemeinderate gewählte **K** dürfe mit Rücksicht auf sein Schwägerschaftsverhältnis zu dem gleichfalls gewählten H in den Gemeinderat nicht eintreten.

VII. Das Ergebnis der Gemeindeersatzwahl zu W sei nun, vorbehaltlich der durch die neue Bürgermeisterwahl sich ergebenden Aenderung, wie folgt, festzustellen:

Als Gemeinderäte seien anzuerkennen:

1. Johann Gengler, 2. A, 3. F, 4. G, 5. H, 6. L, 7. M, 8. N, 9. O, 10. P, dann als einziger Ersatzmann: Q, endlich als Adjunkt: J.

VIII. Die Kosten des Verfahrens fallen den unter I, II, III und V aufgeführten Gruppen von Beschwerdeführern je zu $1/4$ zur Last; die Gebühr für diesen Beschluß sei auf 20 ℳ festzusetzen.

In den Entscheidungsgründen wurde ausgeführt:

Zu I. Joh. Gengler sei bei der ordentlichen Gemeindewahl im Jahre 1884 zum Gemeinderate gewählt worden. Infolge seiner hierauf erfolgten Wahl zum Bürgermeister sei zwar für ihn als Gemeinderat ein Ersatzmann einberufen worden; nachdem aber Gengler von seinem Rechte, die Funktion eines Bürgermeisters niederzulegen, Gebrauch gemacht und sich hiebei ausdrücklich den „Rücktritt unter die Mitglieder“ des Gemeinderates vorbehalten habe, hätte der für ihn als Gemeinderat einberufene Ersatzmann wieder in die Reihe der Ersatzmänner zurückzutreten. Im vorliegenden Falle könne dem Wiedereintritt des Gengler unter die Zahl der Gemeinderäte um so weniger ein Bedenken entgegenstehen, als die letzteren, einschließlich des für Gengler eingetretenen Ersatzmannes, sämtlich ihren Austritt aus dem Gemeinderate erklärt hätten.

Zu II. Nachdem das Wahlrecht des **A** durch Entscheidung des K. Verwaltungsgerichtshofes Anerkennung gefunden habe, sei die auf Ersteren gefallene Wahl zum Gemeinderat als giltig anzuerkennen und habe daher A als Gemeinderat einzutreten.

Zu III. Nach Art. 102 der Gemeindeordnung sei ein Alter von 25 Jahren Voraussetzung der Wählbarkeit. Nachdem **B** zur Zeit der Wahl das 25. Lebensjahr noch nicht vollendet gehabt habe, sei der Beschluß des Wahlausschusses, wodurch die auf B gefallenen Stimmen beziehungsweise dessen Wahl für ungiltig erklärt worden, als begründet zu erachten.

Zu IV. Ein ähnliches Verhältnis wie bei B bestehe hinsichtlich des **E**, welcher zur Zeit der Wahl seinen Wohnsitz nicht in W gehabt habe und welcher daher gemäß Art. 102 der Gemeindeordnung nicht wählbar gewesen sei. Die ihm zugefallenen Stimmen seien hienach ungiltig und die Wahl desselben gemäß Art. 122 Abs. 2 und 3 a. a. O. von Amtswegen für nichtig zu erklären.

Zu V. Der vom Wahlkommissär gegenüber den Wählern hinsichtlich der Bürgermeisterwahl geübte Zwang sei gesetzwidrig, weil er gegen das Grundprinzip der Gemeindewahlordnung — Freiheit der Wahl — verstoße. Es sei hienach eine wesentliche gesetzliche Förmlichkeit verletzt und die Wahl auf Beschwerde des L, M, N und O als ungiltig aufzuheben.

Zu VI. Es habe sich herausgestellt, daß die Tochter des **K** mit H verheiratet, sohin Ersterer der Schwiegervater des Letzteren sei. Beide könnten daher gemäß Art. 117 Abs. 4 der Gemeindeordnung nicht zusammen in den Gemeinderat eintreten. Der Vortritt gebühre dem mit der größeren Stimmenzahl gewählten H.

K habe zurückzustehen.

Eine Beschwerde sei zwar in dieser Beziehung nicht erhoben worden; in analoger Anwendung des Art. 122 Abs. 3a der Gemeindeordnung sei jedoch die vorgesetzte Verwaltungsbehörde berufen, von Amtswegen einzugreifen, da es offenbar der Absicht des Gesetzes widerstreite, daß so nahe Verschwägerte gleichzeitig dem Gemeinderate angehören.

Zu VII:) Von denjenigen 10 Personen, welche bei der Wahl der Gemeinderäthe die meisten Stimmen erhalten hätten — nämlich A, B, C, D, E, F, G, H, I, K — seien an sich nur 9 (sohin mit Ausschluß des K) zum Eintritt berufen, weil gemäß Ziff. I des gegenwärtigen Beschlusses Joh. Gengler die Stelle eines Gemeinderates einnehme. Von den 9 Gewählten kämen B und C in Wegfall weil sie nicht wählbar und die auf sie gefallenen Stimmen nicht zu zählen seien. Sohin seien K und L, welche die nächstmeisten Stimmen erhalten hätten, als Gemeinderäte, dann M, N, O und P als Ersatzmänner gewählt.

In Folge der Ablehnung des C und D, dann in Folge des Schwägerschaftsverhältnisses zwischen H und K seien C, D, I und K hinweggefallen und es hätten für diese gemäß Art. 118 Abs. 2 vgl. mit Art. 123 Abs. 5 der Gemeindeordnung die vier Ersatzmänner M, N, O und P als Gemeinderäte einzutreten.

F sei, da seine Wahl zum Bürgermeister für ungültig erklärt worden, noch als Gemeinderat zu zählen.

Zu VIII:) Der Ausspruch im Kostenpunkte rechtfertige sich durch die Erwägung, daß dieses Verfahren durch die Beschwerdeführer veranlaßt worden sei.

Übrigens seien außer der Gebühr des Beschlusses, deren Höhe sich nach Art. 163 Ziffer 2 des Gesetzes über das Gebührenwesen vom 18. August 1879 bemesse, Kosten nicht erwachsen.

VI.

Gegen diesen Beschluß, welcher allen Beteiligten in schriftlicher Ausfertigung vorschriftsmäßig zugestellt wurde, wurden folgende Beschwerden zum kgl. Verwaltungsgerichtshofe rechtzeitig erhoben.

1. **Q** erhob Beschwerde gegen Ziffer I und II des Beschlusses, mit der Bitte, auszusprechen, daß weder dem Gengler noch dem A die Eigenschaft eines Gemeinderates zukomme und daß in Folge dessen der Beschwerdeführer Q als zum Ersatzmann gewählt anzuerkennen sei und mit Rücksicht auf die erfolgten Erledigungen als Gemeinderat einzutreten habe. Joh. Gengler habe, indem er seinerzeit die Wahl zum Bürgermeister angenommen, die Funktion als Gemeinderat endgiltig verloren. Ferner könne nach dem klaren Wortlaute des Art. 105 Abs. 6 der Gemeindeordnung Niemand wählen und Niemand gewählt werden, der nicht in der Wahlliste eingetragen sei oder durch Zeugnis der Gemeindeverwaltung dem Wahlausschusse nachgewiesen habe, daß er erst nach Ablauf der Reklamationsfrist in den Besitz des Wahlrechtes gelangt oder daß sein Wahlrecht seit Abschluß der Liste (scil. bis zum Wahltage) durch Entscheidung einer höheren Instanz anerkannt worden sei. Diese Voraussetzungen hätten bei A am Wahltage nicht zugetroffen, sohin sei er für diesmal nicht wählbar.

2. **B** griff die Ziffer III des bezirksamtlichen Beschlusses an und nahm hiebei auf sein früheres Vorbringen Bezug, indem er besonders hervorhob, daß er noch vor dem Zeitpunkte des Amtsantrittes und der Verpflichtung der neugewählten Gemeinderäte (die Verpflichtung und Amtseinweisung der letzteren hat bis jetzt mit Rücksicht auf die vorliegenden Wahlbeschwerden noch nicht stattgefunden) das 25. Lebensjahr vollendet habe.

3. **C** bittet, die Ziff. IV des bezirksamtlichen Beschlusses außer Wirksamkeit zu setzen. Er habe, indem er sofort nach der Wahl seinen Wohnsitz nach W verlegt habe, der Forderung des Gesetzes genügt; der Zweck der bezüglichen Gesetzesstelle könne doch kein anderer sein, als daß jeder Gemeinderat im Gemeindebezirk wohnen solle.

4. Bürgermeister **F** beantragte die Abänderung der Ziffer V des erstinstanziellen Beschlusses dahin, daß die Beschwerde des L, M, N und O abzuweisen sei; von einem

gesetzwidrigen Zwange könne schon deshalb keine Rede sein, weil in der That gegen keinen Wähler eine Strafe verhängt worden sei.

5. **K** beschwerte sich gegen Ziff. VI des bezirksamtlichen Beschlusses und machte geltend, Art. 122 Abs. 3 der Gemeindeordnung treffe hier nicht zu, und nachdem von keiner Seite Beschwerde erhoben worden, sei das Bezirksamt nicht befugt gewesen, von Amtswegen einzugreifen.

6. Die sämtlichen Beschwerdeführer beantragten Freisprechung von allen Kosten I. und II. Instanz.

Mit diesen Beschwerden wurde nach Vorschrift des Gesetzes vom 8. August 1878, die Errichtung eines Verwaltungsgerichtshofes ꝛc. betr., verfahren.

Am 10. Dezember 1887 fand öffentlich-mündliche Verhandlung vor dem kgl. Verwaltungsgerichtshofe statt, zu welcher alle Beteiligten vorschriftsmäßig geladen waren. Die Verhandlung brachte nichts wesentliches Neues. Die Verkündigung der Entscheidung wurde auf den 17. Dezbr. vertagt.

Die vom kgl. Verwaltungsgerichtshofe zu erlassende Entscheidung nebst Gründen ist zu entwerfen.

Von einer Geschichtserzählung ist hiebei abzusehen, da die vorstehende Darlegung als solche gelten kann.

Die pfälzischen Staatskonkurs-Aufgaben im Jahre 1888.

I. Aufgabe aus dem Zivilrechte.

Die ledige Franziska Jung in Ixheim, welche am 20. Mai 1856, ohne ein Testament errichtet zu haben, starb, hinterließ eine anerkannte natürliche Tochter Katharina Jung, damals 18 Jahre alt, und als einzige Verwandten die ehelichen Kinder von ehelichen Geschwistern ihrer verstorbenen Eltern, nämlich: von väterlicher Seite die ledigen und volljährigen Konrad und Gottlieb Jung von Ixheim, welche zur Zeit des Todes der Erblasserin auf der Wanderschaft waren und von jenem Tode erst bei ihrer Rückkehr im Jahre 1859 Kenntniß erhielten;

von mütterlicher Seite den damals 17 Jahre alten Hans Alt von Contwig.

Sofort nach dem Tode der Erblasserin nahm der Vormund der Katharina Jung ohne jegliche Formalität für letztere Besitz von dem ganzen Nachlaß, welchen Besitz die Katharina Jung nach erreichter Volljährigkeit unangefochten fortsetzte, bis der Erbe der mütterlichen Linie, Hans Alt am 28. Februar 1887 gegen sie Klage erhob, worin er $^1/_4$ des Nachlasses beanspruchte und die Teilung des Nachlasses verlangte. In der Klage wurde bemerkt, daß Kläger nunmehr, nachdem die Erben der väterlichen Linie in Folge der eingetretenen Verjährung ihre Erbrechte eingebüßt hätten, Anspruch auf den ganzen der legitimen Familie gesetzlich zugewiesenen Erbteil habe.

Durch Schriftsatz vom 3. März 1887, welcher an diesem Tage dem Kläger und der Beklagten zugestellt wurde, nahmen die beiden Verwandten der väterlichen Linie der Erblasserin Konrad und Gottlieb Jung für sich zusammen $^1/_8$ des Nachlasses in Anspruch und schlossen sich im übrigen dem Teilungsbegehren des Hans Alt an. In jenem Schriftsatze führten sie aus, daß von einer Verjährung ihrer Erbrechte deshalb keine Rede sein könne: 1. weil sie erst (was nicht bestritten ist) im Jahre 1859 den Tod der Erblasserin erfahren hätten, also die Verjährung vorher gegen sie nicht im Laufe war; 2. weil die Katharina Jung noch nicht einmal jetzt in den Besitz des Nachlasses eingewiesen sei, daher eine Verjährung zu deren Gunsten gegen sie, die Erben, noch gar nicht begonnen habe, und endlich 3. weil ihnen — den Erben der väterlichen Linie — jedenfalls die Suspension der Verjährung während der Minderjährigkeit des Erben der mütterlichen Linie, Hans Alt, zu Gute kommen müsse.

Die Beklagte Katharina Jung erklärte, sie erkenne an, daß Hans Alt $^1/_8$ des Nachlasses zu besprechen habe, dagegen sei der Erbteil der Erben der väterlichen Linie durch die 30jährige Verjährung gemäß Art. 2262 c. c. um so mehr auf sie, die Beklagte, übergangen, als es sich gesetzlich auch nicht rechtfertigen lasse, daß der Erbteil der väterlichen Linie der mütterlichen Linie zuwachse.

Bei der mündlichen Verhandlung blieben die Parteien auf ihren obigen Ansprüchen, Einreden und Begründungen bestehen.

---

1. Es ist nun unter gehöriger Begründung und mit Rücksicht auf die Auslassungen der Parteien der Streit zu entscheiden.

2. Wenn die vorige Entscheidung dazu nicht Gelegenheit geben sollte, so wäre weiter die Frage zu prüfen und mit entsprechender Begründung zu entscheiden, welcher Teil des Nachlasses dem Kläger Hans Alt zukommen würde, wenn man von der Voraussetzung ausgeht, daß die den Erben der väterlichen Seite von dem Kläger entgegengesetzte Einrede der Verjährung als begründet zu erachten wäre.

II. Aufgabe
aus dem Zivilrechte.

I.

Der Bauunternehmer Franz Schnell von Ernstweiler hat gemäß eines Vertrages mit dem Wirt Friedrich Leicht in Zweibrücken vom 29. September 1880 für diesen und auf dessen Grund und Boden ein Haus mit Nebengebäuden gegen den bedungenen festen Preis von 30,000 ℳ gebaut. Das fertig gestellte Haus mit Zubehör wurde am 1. Oktober 1881 von Leicht bezogen.

Am 15. Mai 1885 verkaufte Leicht, der bald darauf nach Nordamerika auswanderte, das Anwesen an Christian Fuß in Zweibrücken um die baare Summe von 32,000 ℳ und unter der gesetzlichen Gewähr für die Freiheit des Eigentums von Hypotheken, Privilegien und sonstigen dringlichen Lasten.

Als Gegenstand des Übertrags wird lediglich das gehörig beschriebene Anwesen in dem Akte genannt. Am 13. März 1885 stürzte nach vorausgegangenen mehrtägigen Regen plötzlich eines der Nebengebäude zusammen, wobei ein in demselben beschäftigter Bediensteter des Fuß erheblich verletzt wurde. Die zur Sicherung des Beweises ernannten Sachverständigen gaben das nicht bestrittene Gutachten dahin ab, daß der Einsturz des Nebengebäudes deshalb erfolgt sei, weil zur Fundamentmauer sehr schlechter nicht haltbarer

Mörtel verwendet, diese Mauer auch planwidrig, sowie im Hinblick auf die Boden- und Belastungsverhältnisse zu schwach angelegt worden sei. Die Sachverständigen erklärten weiter die Ausführung dieser Arbeit als eine höchst leichtfertige und gewissenlose, die im Laufe der Zeit den Einsturz des Gebäudes notwendig bedingen mußte.

Von jenem Construktionsfehler hat weder Leicht noch Fuß etwas gewußt wohl aber ist festgestellt und auch nicht bestritten, daß Schnell diese Art der Ausführung anordnete und überwachte.

Fuß klagte nun am 1. Dezember 1885 und zwar wie es in der Klageschrift heißt, sowohl kraft eigenen Rechts wie auch soweit nötig gemäß Art. 1166 c. c. als Gläubiger des Verkäufers Leicht, gegen Schnell:

1. auf Wiederherstellung des eingestürzten Nebengebäudes und
2. auf Ersatz des Entschädigungsbetrages von 500 *M*, den er dem beschädigten Bediensteten für Kurkosten und entgangenen Arbeitsverdienst gemäß eines gerichtlichen Urteils hat bezahlen müssen.

Schnell bestritt die Klage lediglich aus dem Grunde, weil Fuß zur Klage nicht berechtigt sei, kraft eigenen Rechts könne er nicht klagen, denn er habe weder mit diesem in einem Vertragsverhältnisse gestanden, noch seien demselben die Rechte des Verkäufers Leicht aus dem Vertrage vom 29. September 1880 gegen ihn den Beklagten, übertragen worden. Die Voraussetzungen des Art. 1166 c. c. liegen nicht vor, denn nach der durch den Verkauf vom 15. Mai 1884 geschlossenen Rechtslage habe Leicht keine Rechte mehr gegen ihn, den Beklagten, geltend zu machen, wie weiter Kläger auch nicht dargethan habe, inwiefern er noch Gläubiger des Leicht sei.

Es ist nun darzulegen, um welche Rechtsverhältnisse es sich nach dem obigen Sachverhalte handelt und nach welchen gesetzlichen Bestimmungen sie an und für sich zu beurteilen sind, — sowie unter Würdigung der von den Parteien hervorgehobenen Gesichtspunkte mit entsprechender Begründung, die zivilrechtliche Frage zu beantworten, ob oder in wie weit der Kläger Fuß sei es kraft eigenen Rechts, sei es aus Art. 1166 c. c. zur Klage legitimiert ist, oder nicht.

II.

Der am 24. Juli 1888 verstorbene Gottlieb Ziel in Zweibrücken hinterließ ein am 20. Juli 1888 errichtetes Testament, welches folgende Bestimmungen enthält: „Meine einzige Tochter erster Ehe, die jetzt 6 Jahre alte Marie Ziel, soll nach meinem Tode bei meiner zweiten Ehefrau Franziska geborene Fromm, welche sie bisher mit großer Liebe behandelt und gewissenhaft erzogen, daher derselben ihre verstorbene Mutter ersetzt hat, bleiben und von derselben erzogen werden; soweit dieser Zweck es etwa erfordern sollte, ernenne ich meine genannte Ehefrau als Vormünderin meiner Tochter. Im Übrigen soll aber mein Bruder Martin Ziel in Zweibrücken Vormund meiner genannten Tochter sein und ernenne ich denselben hiemit zu diesem Amte."

Der Testator hatte bis zu seinem Tode die gesetzliche Vormundschaft über seine Tochter geführt.

Es ist unter entsprechender Begründung auszuführen, ob oder in wie weit, beziehungsweise unter welchen Voraussetzungen der Inhalt dieses Testaments, falls er angegriffen würde, aufrecht erhalten und vollzogen werden kann.

Praktischer Fall
aus dem Justizfache.

Aus nachstehenden Proceduakten und nach Maßgabe der darin niedergelegten Bemerkungen ist ein landgerichtliches Urteil in der Form einer Ausfertigung mit allen vom Gesetze vorgeschriebenen inneren und äußeren Erfordernissen sowie mit einer dem Gesetze entsprechenden Entscheidung abzufassen.

Zum
Kgl. Landgerichte Frankenthal
(Zivilkammer.)

Klageschrift

für

Anna Freund, ledige Büglerin in Neustadt a/H. wohnhaft, durch den Unterzeichneten Rechtsanwalt Streit als Proceßbevollmächtigten vertreten;

gegen

1. Jakob Wind, Küfer,
2. Karl Wind, Landwirt, beide in Neustadt an der Haardt wohnhaft,

Klage auf Anerkennung einer Dienstbarkeit und wegen Forderung; Streitwert 4500 *M.*

Durch Privatakt vom 6. Juni 1870, einregistriert am 30. desselben Monats, verkaufte der am 1. Februar 1884 verstorbene Privatmann Johann Wind von Neustadt an seinen Bruder, den Beklagten Jakob Wind drei Grundstücke, worunter Plan.-Nr. 275 im Banne von Neustadt, 30 Aren Wiese, unter der Auflage, daß Philipp Freund, Ackerer in Neustadt eine Wassergerechtigkeit daran haben solle, indem er das zu Speisung eines Brunnens auf dem ihm gehörigen, an jene Wiese angrenzenden Anwesen, Plan-Nr. 274, drei Aren mit darauf befindlichen Wohnhaus, Hofraum und Gärtchen, erforderliche Wasser aus der auf der verkauften Wiese entspringenden Quelle durch eine Leitung solle beziehen dürfen. Das besagte Anwesen Plan-Nr. 274 ist, nachdem Philipp Freund am 30. Mai 1884 gestorben ist, der Klägerin als einzigen Tochter und Erbin zu Eigentum zugefallen.

Sie ist nun gesonnen, auf diesem ihrem Eigentume einen Brunnen herstellen zu lassen und zu diesem Zwecke die ihrem Vater für dasselbe durch obigen Kaufakt eingeräumte Grunddienstbarkeit in Anspruch zu nehmen. Die Klägerin hat am 18. September 1884 den Beklagten eine Erklärung in diesem Sinne zustellen lassen.

Letztere erklärten jedoch, die Grunddienstbarkeit nicht anzuerkennen, und der Beklagte Karl Wind, welcher das belastete Grundstück von Jakob Wind käuflich erworben hat, gestattet sogar seit Zustellung jener Erklärung der Klägerin nicht mehr, wie bisher, das zum Hausgebrauche erforderliche Wasser an der obbezeichneten Quelle zu holen. Es ist deshalb Klage auf Anerkennung der in Anspruch genommenen Grunddienstbarkeit nötig.

Ferner hat der verstorbene Johann Wind durch eigenhändiges Testament vom 12. Oktober 1883 der Klägerin die Summe von 4000 ℳ vermacht, für welche Summe die Beklagten als die gesetzlichen Erben des Testators gemäß Art. 1017 c. c. nach Verhältnis ihrer Erbberechtigung je zur Hälfte und mit den Nachlaßgrundstücken hypothekarisch fürs Ganze haften. Auch die Auszahlung dieses Vermächtnisses konnte die Klägerin bisher gütlich nicht erlangen. Sie hat daher einstweilen am 15. Juli 1886 auf das Wohnhaus und die Grundstücke, welche zum Nachlasse gehören und inzwischen dem Beklagten Karl Wind zugeteilt wurden, Hypothekarinskription genommen.

Die Klägerin ladet daher die beiden Beklagten zur mündlichen Verhandlung über den Rechtsstreit in die vom kgl. Landgerichts-Präsidenten bestimmte, unten bezeichnete Sitzung der Civilkammer des kgl. Landgerichts Frankenthal unter der Aufforderung, einen bei diesem Gerichte zugelassenen Rechtsanwalt als Prozeßbevollmächtigten zu bestellen und wird darin folgenden Antrag stellen:

es gefalle dem kgl. Landgerichte,

1. zu erkennen, daß der Klägerin als Eigentümerin des oben bezeichneten Anwesens Plan Nr. 274 das servitutarische Recht zusteht, das zur Speisung eines Brunnens erforderliche Wasser aus der Quelle, welche sich auf dem oben bezeichneten, dem Beklagten Karl Wind gehörigen Grundstücke Plan Nr. 275 befindet, mittels einer Leitung zu beziehen;

2. die beiden Beklagten Jakob Wind und Karl Wind als Erben des Johann Wind zu verurteilen, auf Grund obangeführten Testaments an die Klägerin 4000 ℳ samt Zins zu 5 Prozent vom Tage der Klage an zu bezahlen, sowie zu erkennen, daß sie hiefür nach Verhältnis ihrer Erbberechtigung persönlich zwar je zur Hälfte haften, daß der Klägerin aber an den zum Nachlasse gehörigen Grundstücken eine gesetzliche Hypothek für die ganze besagte Forderung zusteht, und die hiewegen unterm 15. Juli 1886 in den Registern des kgl. Hypothekenamts Frankenthal genommene Einschreibung zu Recht besteht, endlich
3. die beiden Beklagten solidarisch in die Prozeßkosten zu verurteilen.

Frankenthal, den 18. September 1886.

Streit, Rechtsanwalt.

Zur mündlichen Verhandlung über vorstehende Klage wird die Sitzung der Civilkammer des kgl. Landgerichts vom 18. Januar 1887 bestimmt.

Frankenthal, den 20. September 1886.

Der Vorsitzende der Civilkammer des kgl. Landgerichts.

Weiß, kgl. Landgerichts-Präsident.

Bemerkung. Die Klageschrift wurde den beiden Beklagten durch Akt des kgl. Gerichtsvollziehers Lauf in Neustadt vom 22. September 1886 in gehöriger Weise zugestellt.

Klagebeantwortung

für

1. Jakob Wind, Küfer,
2. Karl Wind, Landwirt, beide in Neustadt a/H. wohnhaft, Beklagte und Widerkläger, durch Rechtsanwalt Helf in Frankenthal als Prozeßbevollmächtigten vertreten,

gegen

Anna Freund, ledige Büglerin in Neustadt a/H. wohnhaft, Klägerin und Widerbeklagte, durch Rechtsanwalt Streit in Frankenthal als Prozeßbevollmächtigten vertreten.

Die erhobene Klage wird bestritten.

Was zunächst die in Anspruch genommene Wasserleitungsgerechtigkeit anlangt, so ist dieselbe nicht in giltiger Weise bestellt worden. Es handelt sich hier um die Stipulation zu Gunsten eines Dritten, die nach ausdrücklicher Vorschrift von Art. 1121 c. c. erst durch die Acceptation dieses Dritten perfekt wird, wie überhaupt nach allgemeinen Rechtsgrundsätzen niemand durch Rechtsgeschäft unter Lebenden ohne seine Mitwirkung und Zustimmung etwas erwerben kann und das betreffende Rechtsgeschäft erst durch diese Zustimmung perfekt wird. Die Acceptation mußte aber noch zu Lebzeiten der Vertragsparteien erfolgen, indem vor der Acceptation noch kein erworbenes Recht vorliegt und nur wirklich erworbene Rechte auf die Erben übergehen. Da dies nicht geschehen ist, kann die fragliche Stipulation nicht mehr zur Perfektion gelangen.

Dies ist schon aus dem weiteren Grunde nicht möglich, weil Jakob Wind, dem die Pflicht zur Servitutbestellung durch Kaufakt vom 6. Juni 1879 auferlegt wurde, nicht mehr Eigentümer des gekauften Grundstücks ist, sondern dasselbe bereits vor dem Tode des Erblassers Johann Wind an Karl Wind weiter veräußert hat, letztern die von jenem übernommenen Verbindlichkeiten nicht berühren und deshalb die Acceptation der fraglichen Stipulation zu ihrer Wirksamkeit notwendig vor dem Weiterverkaufe an Karl Wind hätte stattfinden müssen. Die Stipulation stellt sich ohnehin ihrem Inhalte nach als eine Schenkung zu Gunsten des Dritten dar und ist, weil die für Schenkungen vorgeschriebenen Förmlichkeiten nicht beobachtet wurden, schon aus diesem Grunde nichtig. Zudem handelt es sich bei derselben um die Konstituierung einer Grunddienstbarkeit. Diese ist jedenfalls als solche oder als dingliches Recht an einer unbeweglichen Sache vor der Acceptation nicht perfekt. Die Acceptation ist aber vor dem 1. Oktober 1879, an welchem das bayer. Ausführungsgesetz zur R.-C.-P.-O. und K.-O. in Kraft trat, nicht erfolgt und die Stipulation der Servitut müßte deshalb, um auf Geltung

Anspruch zu haben, im Hinblick auf Art. 219 des genannten Ausführungsgesetzes in notarieller Form errichtet sein, was nicht der Fall ist.

Endlich wird die Giltigkeit der fraglichen Servitutbestellung noch aus einem innern Mangel bestritten, welcher auch dem eingeklagten Vermächtnisse anklebt. Die Klägerin Anna Freund kam nämlich im Jahre 1878 oder 1879 als Magd oder Haushälterin zu dem Erblasser, blieb als solche bei diesem bis zu seinem Tode und war zugleich seine Konkubine. Mit Rücksicht hierauf wurde in dem Kaufakte vom 1. Juni 1879 die Wassergerechtigkeit zu Gunsten des Vaters der Anna Freund bestellt, welcher in bescheidenen Verhältnissen lebte und dadurch bestimmt werden sollte, die erwähnten Beziehungen seiner damals noch minderjährigen Tochter zu Johann Wind nicht zu stören und sie bei demselben zu belassen.

Ebenso wurde das Vermächtnis von 4000 ℳ der Anna Freund von dem Erblasser nur wegen seiner unsittlichen Beziehungen zu ihr zugewendet. Es liegt daher sowohl dem Vermächtnisse als der obigen Stipulation einer Servitut eine turpis causa zu Grunde, welche dieselben als nichtig erscheinen läßt.

Daß die behaupteten Thatsachen richtig seien, kann von der Klägerin nicht bestritten werden. Eventuell wird ihr darüber ein noch zu formulierender Haupteid zugeschoben werden.

Bezüglich des Vermächtnisses wird von den Beklagten noch die hypothekarische Haftung für das ganze Vermächtnis bestritten, da der Gesetzgeber in Art. 107 c. c., auf welchen sich die Klägerin beruft, nicht eine Hypothek für Vermächtnisse gewähren will, sondern nur von dem Falle einer aus sonstigen Gründen bestehenden Hypothek spricht. Namentlich der Beklagte Karl Wind hat ein lebhaftes Interesse, die hypothekarische Haftung von sich abzulehnen, da er bei der am 15. April 1884 vor dem K. Notar Rath in Neustadt errichteten Teilung des Nachlasses von Johann Wind alle zum

Nachlasse gehörigen Immobilien zugeteilt erhielt und Ersterer bei der hypothekarischen Haftung in den Fall kommen könnte, das volle Legat entrichten zu müssen. Es wird deshalb widerklagsweise die Streichung der von der Klägerin genommenen Hypothekarinskription beantragt. Die Beklagten sind aber im Falle, ihrerseits noch einen Anspruch an die Klägerin zu erheben. Diese besitzt nämlich, wie die Beklagten der Teilung nachgängig erfuhren, ohne Rechtsgrund ein vollständiges Bett mit Ueberzug, 24 Leintücher, 6 Tischtücher, 18 Handtücher, ferner eine Kommode, einen Tisch, 4 Stühle, einen Schrank und eine Wanduhr, welche Gegenstände zum Nachlasse des Johann Wind gehören. Die Klägerin behauptet zwar, diese Gegenstände gekauft zu haben. Aber die beiden Privatakte vom 15. Januar 1883 und 3. Oktober 1883, auf welche sie sich hiefür beruft, sind offenbar simuliert, wie denn die Klägerin nie im stande war, die in diesen Akten quittierten Kaufpreisbeträge von zusammen 320 ℳ zu bezahlen. Zudem ist der genannte Kaufpreis dem wahren Werte der veräußerten Mobilien nicht entsprechend, indem dieser mindestens doppelt so hoch ist.

Offenbar hat die Hingabe der besagten Mobilien an die Klägerin lediglich in den oberwähnten Beziehungen derselben zu dem Erblasser ihren Grund, weshalb auch hier die bezüglichen Rechtsgeschäfte als auf turpis causa beruhend für nichtig zu erachten sind.

Aber auch abgesehen davon sind diese Akte als verschleierte Schenkungen nicht aufrecht zu erhalten, weil sie, um als solche zu gelten, hätten notarisch errichtet werden müssen. Zudem ist Johann Wind durch Beschluß des K. Amtsgerichts Neustadt vom 12. Februar 1883 als Verschwender erklärt und unter Kuratel gestellt worden. Der Akt vom 3. Oktober 1883, wodurch der Klägerin ein Teil der vorbezeichneten Mobilien zum Scheine verkauft wurde, ist deshalb zu annullieren, mag man das bezügliche Rechtsgeschäft als Kauf oder als Schenkung ansehen, weil hiebei der Kurator des Johann Wind nicht mitwirkte. Das Gleiche hat von dem Akte vom 15. Januar 1883 zu gelten, inhaltlich dessen der übrige Teil der obigen Mobilien an die Klägerin veräußert wurde. Denn der angeführte Akt ist sicherlich vordatiert, in Wirklichkeit auch erst nach dem 12. Febr. 1883 errichtet worden, an welchem Johann Wind als Verschwender erklärt wurde, und derselbe beweist nach bekannten Rechtsgrundsätzen nichts für die Richtigkeit des darin angegebenen Datums.

Mindestens ist anzunehmen, daß die Veräußerung absichtlich noch vor Erlaß des obigen amtsgerichtlichen Beschlusses vom 12. Februar 1883 und in Voraussicht desselben bethätigt wurde, also doloser Weise zur Umgehung des Gesetzes statthatte, indem die einleitenden Schritte zu Erwirkung jenes Beschlusses schon Anfang Januar erfolgten, wie insbesondere dem Johann Wind bekannt war. Sollten die besagten Akte vom 15. Januar und 3. Oktober 1883 wider Erwarten als wirkliche Kaufakte und diese als rechtsbeständig, insbesondere nach Art. 513 c. c., erachtet werden, so könnten doch die in diesen Akten quittierten Zahlungen des Kaufpreises nach Art. 513 c. c. nicht als giltig geschehen gelten, weil hiebei der Kurator des Johann Wind nicht mitwirkte und es sich hiebei um die Empfangnahme eines Kapitals handelt.

Die Beklagten erheben deshalb Widerklage auf Herausgabe der oben näher bezeichneten Mobilien, eventuell auf nochmalige Zahlung des Kaufpreises derselben.

Was endlich die Prozeßkosten anlangt, so sind diese beim Unterliegen der Klägerin und Widerbeklagten der letztern zur Last zu legen. Keinenfalls haben die Hauptbeklagten für die Kosten solidarisch zu haften.

Die Beklagten stellen hienach folgenden Antrag:

Es gefalle dem K. Landgerichte,

1. die erhobene Hauptklage als in allen Teilen unbegründet abzuweisen, subsidiarisch bezüglich des eingeklagten Vermächtnisses den Antrag auf hypothekarische Haftung der

Beklagten für den ganzen Betrag des Vermächtnisses und Giltigerklärung der genommenen Hypothekarinskription als unbegründet zu verwerfen,

2. unter Annahme der erhobenen Widerklage

   a) die Streichung der von der Klägerin Anna Freund am 15. Juli 1886 bei dem K. Hypothekenamte Frankenthal genommenen Hypothekareinschreibung zu verordnen und

   b) die Klägerin Anna Freund, gegebenen Falls unter Vernichtung der beiden Kaufakte vom 15. Januar und 3. Oktober 1883 zu verurteilen, die obenbezeichneten Mobiliargegenstände an die Beklagten und Widerkläger herauszugeben, subsidiarisch, dieselbe zu verurteilen, als Kaufpreis dieser Mobiliargegenstände die Summe von 320 ℳ samt Zins zu 5 % vom Tage der Widerklage an die Beklagten und Widerkläger, beziehbar durch Jeden derselben zur Hälfte, zu bezahlen, und

3. die Klägerin und Widerbeklagte in die Kosten zu verurteilen.

Frankenthal, den 12. Oktober 1886.

Helf, Rechtsanwalt.

Erwiderungsantrag

für

Anna Freund, ledig, Büglerin in Neustadt wohnhaft, Klägerin und Widerbeklagte, durch Rechtsanwalt Streit als Prozeßbevollmächtigten vertreten,

gegen

1. Jakob Wind, Küfer,
2. Karl Wind, Landwirt, beide in Neustadt a./H. wohnhaft, Beklagte und Widerkläger durch Rechtsanwalt Helf in Frankenthal als Prozeßbevollmächtigten vertreten;

Die der Hauptklage entgegengesetzten Einwendungen sind sämtlich haltlos.

Was zunächst die im Immobilienkaufakte vom 5. Juni 1879 bedungene Servitut anlangt, so geben die Beklagten selbst zu, daß es sich hiebei um eine Stipulation gemäß Art. 1121 c. c. handle. Dieser Artikel erklärt aber ausdrücklich die in demselben erwähnten Stipulationen zu Gunsten dritter Personen für wirksam. Hieraus folgt, daß diese Stipulationen sofort wirkliche Rechte erzeugen, die auf die Erben übergehen. Die in dem Akte erwähnte Erklärung, sich die Stipulation zu Nutze machen zu wollen, hat deshalb nicht die Bedeutung der Acceptation eines Vertragsanerbietens, durch welche erst ein perfekter Vertrag entsteht.

Aus dem gleichen Grunde ist der Widerruf, von welchem der angeführte Artikel spricht; nicht als die Zurückziehung eines Vertragsanerbietens aufzufassen. Die in Art. 1121 c. c. erwähnten Stipulationen zu Gunsten von Dritten bedürfen ferner, auch wenn sie, wie hier, freigebige Verfügungen sind, sobald sie in Verbindung mit einem onerosen Vertrage gemacht werden, nicht der solennen Form einer Schenkung. Nach dem Gesagten beeinträchtigt die Weiterveräußerung des mit der Wassergerechtigkeit belasteten Grundstücks deren Rechtsbeständigkeit ebensowenig als die nach Constituirung jener Servitut in Geltung getretene Vorschrift von Art. 219 des Ausführungsgesetzes zur R.-C.-P.-O. und K.-O.

Endlich will die Klägerin zur Abschneidung von Weiterungen nicht bestreiten, daß sie zu Johann Wind, von welchem sie hoffte, er werde sie heiraten in geschlechtlichen Beziehungen stand. Ihr Vater, der übrigens von jeher zu Johann Wind in freundnachbarlichen Verhältnissen stand, hatte aber von jenen Beziehungen keine Kenntnis. Die Klägerin weiß auch nicht, ob dieselben auf die Willensentschließung des Erblassers bei dem gegenwärtigen Rechtsstreite in Frage stehenden Rechtsgeschäften von bestimmenden Einflusse waren, und bestreitet namentlich, daß der erwähnte Umstand für die Giltigkeit dieser Rechtsgeschäfte von Bedeutung ist. Es läßt sich daher die

Rechtsbeständigkeit der bestellten Servitut wie des Vermächtnisses nicht bezweifeln. Daß die einzelnen Erben für dieses in seinem ganzen Betrage mit ihrem Besitze an Nachlaßgrundstücken hypothekarisch haften, spricht Art. 1017 c. c. positiv aus und es läßt sich nach dem Zwecke der Gesetze sowie der Fassung des angeführten Artikels nicht annehmen, daß dieser nicht dispositiver Natur sei. Wenn Karl Wind hienach für das ganze Vermächtnis aufzukommen hat, so hat er dies sich selbst zuzuschreiben, weil er sich alle Nachlaßimmobilien zuteilen ließ. Würde die Hypothekarhaftung nicht bestehen, so müßte die Klägerin wohl die Hälfte der ihr vermachten Summe verlieren, weil Jakob Wind keine Immobilien mehr besitzt und in seinen Vermögens-Verhältnissen sehr zurückgekommen ist.

Was endlich die Mobilien anlangt, deren Herausgabe die Beklagten widerklagsweise verlangen, so sind dieselben in Natur noch vorhanden. Die Klägerin besteht jedoch auf der Aufrichtigkeit und Giltigkeit der Akte, durch welche sie dieselben erworben hat. Eine causa turpis besteht hier ebensowenig als bei den vorbesprochenen Rechtsgeschäften. Der Akt vom 15. Januar 1883 ist nicht vor datirt. Hätte man unaufrichtig verfahren wollen, so wäre gewiß auch der Mobilienkaufakt vom 3. Oktober vordatirt worden. Ohnehin wußte die Klägerin zur Zeit der Errichtung beider Akte nichts davon, daß Johann Wind gerichtlich als Verschwender erklärt werden soll oder erklärt worden sei, wenn dieser auch zur Zeit der Errichtung des Akts vom 15. Januar 1883 gewußt haben mag, daß die einleitenden Schritte zur Erwirkung des fraglichen Beschlusses bereits geschehen seien. Die Klägerin war auch recht wohl im Stande, den Preis der von ihr gekauften Mobilien zu bezahlen, weil sie zu Ende des Jahres 1882 von einer verstorbenen Tante 500 ℳ geerbt hatte, und sie ging den Kauf deshalb ein, weil Johann Wind Ende 1882 und Anfang Januar 1883 seine entbehrliche Habe zu Befriedigung seiner verschwenderischen Neigungen möglichst versilberte und sie die gekauften Gegenstände eventuell wenigstens für sich zu besitzen wünschte. Endlich ist der bezahlte Preis, wenn auch ein billiger, immerhin mit Rücksicht darauf daß die Mobilien nicht neu waren, kein unangemessener. Wenn übrigens bei diesen Akten wider Erwarten eine verschleierte Schenkung angenommen werden sollte, so könnte trotzdem von dem Erfordernisse notarieller Verbriefung keine Rede sein, weil Klägerin sich im Besitze der fraglichen Mobilien befindet. Jedenfalls beweisen die Akte vom 15. Januar und 3. Oktober 1883 für die Richtigkeit ihres Inhaltes und ihres Datums gegenüber den Beklagten und wäre es an diesen, den Gegenbeweis zu führen, daß eine Simulation oder Vordatirung bestehe. Endlich ändert an der Giltigkeit des Akts vom 3. Oktober 1883 der Umstand nichts, daß Johann Wind als Verschwender unter Curatel gestellt wurde. Denn der hier maßgebende Art. 513 c. c. schreibt die Mitwirkung des Curators nur für Veräußerungen von Immobilien vor, nicht auch für die von Mobilien. Hiefür spricht der Wortlaut des Artikels und die Analogie der für emancipirte Minderjährige getroffenen Bestimmungen. Äußersten Falls wären im Falle die erwähnten Mobiliarkaufakte wirklich als nichtig erachtet oder erklärt werden sollten, die Widerkläger gehalten, der Widerbeklagten den von ihr bezahlten Kaufpreis, der dann als sine causa bezahlt erscheine, zurückzuerstatten. Keinenfalls aber kann die Klägerin gehalten sein, diesen Preis, auch soweit er bezahlt wurde, nachdem Johann Wind als Verschwender erklärt war, nochmals zu bezahlen, weil dieser Preis nicht den Charakter eines Kapitals hat.

Die Klägerin und Widerbeklagte beharrt daher auf ihrem Klageantrage und beantragt ferner, es gefalle dem K. Landgerichte die Widerklage als unbegründet abzuweisen, subsidarisch zu erkennen, daß die Widerbeklagte die ihr laut obiger Privatakte verkauften Mobilien nur gegen Rückersatz des von ihr bezahlten Kaufpreises im Betrage von dreihundert zwanzig Mark herauszugeben verpflichtet ist.

Frankenthal, den 3. November 1886.

Streit, Rechtsanwalt.

Schriftsatz

für

1. Jakob Wind
2. Karl Wind rc. rc.

gegen

Anna Freund rc. rc.

Die Beklagten und Widerkläger halten dem Erwiderungsantrage der Klägerin gegenüber alle ihre Ausführungen und Aufstellungen in dem Schriftsatze vom 12. Oktober 1886 aufrecht und fügen nur noch Folgendes bei:

Von einer Eideszuschiebung wegen der Thatsachen, durch welche sie das Vorhandensein einer causa turpis bei den von ihnen in ihrer Giltigkeit bestrittenen Rechtsgeschäften begründen, sehen die Beklagten ab, weil die Klägerin diese Thatsachen in der Hauptsache zugibt und im Übrigen dieselbe sich aus den Umständen von selbst ergibt. Insbesondere halten die Widerbeklagten in keiner Weise widerlegt aufrecht. Nicht richtig ist, daß nach Art. 513 c. c. nur die Veräußerung von Immobilien eines gerichtlich erklärten Verschwenders zu ihrer Giltigkeit der Mitwirkung von dessen Curator bedürfe, da dieser Artikel ganz allgemein von Veräußerungen spricht. Keinenfalls endlich sind die Widerkläger zur Rückerstattung des angeblich bezahlten Kaufpreises verpflichtet, da Johann Wind, wenn er diesen wirklich bezahlt erhielt, was aber bestritten wird, die empfangene Summe zweifellos alsbald seinen verschwenderischen Neigungen entsprechend vergeudet hat.

Die Widerkläger sind aber zur Rückerstattung nur verpflichtet, soweit eine Bereicherung vorliegt, welche wie gesagt nicht besteht.

Die Beklagten und Widerkläger halten deshalb ihren früher gestellten Antrag in allen Teilen aufrecht.

Frankenthal, 15. November 1886.

Helf, Rechtsanwalt.

Bemerkungen.

Die der Klage nachgängig gefertigten Schriftsätze wurden dem Gegenanwalte alsbald zugestellt. Bei der mündlichen Verhandlung vom 18. Januar 1887 verlasen die Anwälte der Parteien ihre Anträge aus den von ihnen gefertigten Schriftsätzen unter Hinweis darauf, daß der Antrag der Klägerin bereits in der Klageschrift enthalten sei. Auch ward die Zustellung der letztern und deren Datum konstatirt. In ihren Vorträgen widerholten die Anwälte unter näherer Entwicklung die bereits in ihren Schriftsätzen enthaltenen Aufstellungen und Ausführungen. Nicht bestritten ward, daß vor Zustellung der Erklärung der Klägerin, wornach sie die streitige Wassergerechtigkeit annahm, keine Widerrufserklärung von Seite des Johann Wind oder seiner Erben im Sinne von Art. 1121 c. c. erfolgt war, sowie daß der Weiterverkauf des angeblich mit jener Servitut belasteten Grundstücks an Karl Wind vor dem Tode des Johann Wind statthatte und daß der Akt über den Weiterverkauf von der fraglichen Servitut in keiner Weise Erwähnung macht. Die beiderseitigen thatsächlichen Aufstellungen wurden überhaupt bei der mündlichen Verhandlung nicht weiter bestritten, als dies bereits in den gewechselten Schriftsätzen geschehen ist. Ausdrücklich zugegeben ward von beiden Seiten, daß der gegen Johann Wind ergangene amtsgerichtliche Entmündigungsbeschluß vom 12. Februar 1883 alsbald und gehörig zugestellt und nicht angefochten wurde. Dagegen bestritt die Klägerin und Widerbeklagte hiebei, daß sie im Falle der Nichtigkeit oder Vernichtung der beiden nachbezeichneten Mobiliarkaufakten nur auf den Ersatz dessen Anspruch habe, um was der Nachlaß des Johann Wind durch die Zahlung des Kaufpreises bereichert sei. Sie behauptete übrigens, daß dieser Preis nützliche Verwendung gefunden habe oder das betreffende Geld im Nachlasse noch vorhanden gewesen sein müsse, und daß die Beklagten als Inhaber des Nachlasses und Repräsentanten des Erblassers bei Bestreitung ihrer Erstattungspflicht gegebenenfalls den Nachweis zu führen hätten, was aus dem Gelde geworden sei. Letzteres wurde von den Beklagten und Widerklägern ebenso wie die Thatsache der Bereicherung bestritten.

Außer den Anträgen wurden von den Anwälten verlesen sowie zu den Gerichtsakten gegeben und zwar:

1. von dem Anwalte der Klägerin und Widerbeklagten:
   a) der Kaufakt mit Servitutstipulation vom 6. Juni 1879,
   b) das Testament des Erblassers vom 12. Oktober 1883,
   c) die beiden Mobiliarkaufakte vom 15. Januar und 3. Oktober 1883,

   Ferner sind als bei der mündlichen Verhandlung verlesen zu betrachten:

   d) Auszug aus dem Beschlusse des K. Amtsgerichts Neustadt vom 12. Februar 1883, wodurch Johann Wind als Verschwender erklärt wurde.
   e) Auszug der wegen des eingeklagten Vermächtnisses am 15. Juli 1886 genommenen Hypothekareinschreibung.

Abschrift
der verlesenen Akte.

1. Kaufakt.

Johann Wind, Privatmann in Neustadt a./H. wohnhaft, verkauft andurch an seinen dies annehmenden Bruder, den Küfer Jakob Wind in Neustadt a./H. folgende im Banne dieser Stadt und zwar in der Gartengewanne gelegenen Grundstücke:

1. Plan-Nr. 275. Wiese, 30 Aren enthaltend, neben Philipp Freund und Georg Acker;
2. Plan-Nr. 270. Wingert, 15 Aren enthaltend, neben Johann Wenz und Caspar Heim,
3. Plan-Nr. 267. Acker, 33 Ar. enthaltend, neben Franz Schmidt und Friedrich Weiß.

Der Käufer tritt sogleich in Besitz und Genuß dieser Grundstücke.

Der Kaufpreis beträgt 3000 ℳ sage dreitausend Mark, wovon 600 ℳ bei Errichtung dieses Akts baar bezahlt wurden, und der Rest mit 2400 Mark in drei gleichen Terminen an Martini 1879 und der zwei nächstfolgenden Jahre mit Zins zu 5 % von Martini 1879 an zu bezahlen ist.

Der Verkäufer Johann Wind bedingt an verzeichneter Wiese Plan-Nr. 275 ein Wasserbezugs- und Wasserleitungsrecht zu Gunsten des an dieselbe angrenzenden Anwesens von Philipp Freund, Ackerer in Neustadt a./H., Plan-Nr. 274 mit darauf befindlichem Wohnhaus, Hofraum und Gärtchen, 3 Ar enthaltend, aus, indem der Eigentümer dieses Anwesens das Recht haben soll, das zur Speisung eines Brunnens daselbst erforderliche Wasser von der auf jener Wiese entspringenden Quelle durch eine Leitung zu beziehen. Jakob Wind erklärt sich hiemit einverstanden.

Worüber Urkunde doppelt gefertigt und von beiden Parteien unterschrieben.

Neustadt, den 5. Juni 1879.

Johann Wind.

Jakob Wind.

Einregistriert zu Neustadt a./H. vol. 2c. 2c. am 30. Juni 1879.

K. Rentamt, Schwartz.

2. Testament.

Ich Endesunterschriebener Johann Wind, Privatmann in Neustadt vermache andurch für den Fall meines Todes meiner Haushälterin, der ledigen Anna Freund dahier die Summe von viertausend Mark, welche meine Erben ihr auszuzahlen gehalten sein sollen.

Neustadt, den 12. Oktober 1883.

Johann Wind.

Bemerkung: Das Testament wurde auf Grund einer Ordonnanz des K. Landgerichtspräsidenten am 26. Mai 1886 bei dem Kgl. Notär Schulz in Neustadt hinterlegt.

3. Kauf.

Der unterzeichnete Johann Wind, Privatmann in Neustadt verkauft andurch an seine Haushälterin Anna Freund folgende ihm gehörige Mobilien, als ein vollständiges Bett mit Überzug, 24 Leintücher, 9 Tischtücher und 18 Handtücher um den Preis von 200 Mark, welche die Käuferin sogleich baar bezahlt hat und worüber der Verkäufer hiemit Quittung erteilt.

Neustadt, 15. Januar 1883.

Johann Wind.

4. Kauf.

Der unterzeichnete Johann Wind, Privatmann in Neustadt verkauft andurch an seine Haushälterin Anna Freund folgende ihm gehörige Mobilien, als eine Kommode, einen Tisch, 4 Stühle, einen Schrank und eine Standuhr. Der Preis beträgt 120 Mark, welche Käuferin sogleich baar bezahlt hat und worüber ihr hiemit Quittung erteilt wird.

Neustadt, 3. Oktober 1883.

Johann Wind.

Frage
aus dem katholischen Kirchenrechte.

Infolge eines heftigen Unwetters ergab sich die Notwendigkeit, an der Dachung und an den Fenstern des katholischen Pfarrhauses zu A größere Reparaturen vorzunehmen, welche der Bürgermeister dortselbst auf Antrag des Pfarrers unverweilt besorgen ließ. Dieselben erheischten einen Kostenaufwand von 50 ℳ 22 ₰, woraus sich nach Maßgabe der Gesamtsteuer der Katholiken für die Gemeinde A eine Konkurrenzquote von 29 ℳ 54 ₰, für die Filialgemeinde B aber eine solche von 20 ℳ 68 ₰ berechnete.

Als der Bürgermeister von A die Gemeinde B aufforderte, diese Quote einzubezahlen, lehnte der Gemeinderat von B eine desfallsige Beitragspflicht ab. Diese geringfügigen Kosten zu bestreiten, sei der Pfarrer selbst verpflichtet. Höchstens wäre die Kirchenfabrik von A, welche die nötigen Mittel hiezu besitzt, oder die Gemeinde A als Pfarrsitz hiezu verpflichtet. B habe früher selbst eine Pfarrgemeinde gebildet, diese Gemeinde besitze auch gegenwärtig noch ein Pfarrhaus, welches sie zu unterhalten habe; es bestehe für sie kein Bedürfnis, in A noch ein zweites Pfarrhaus zu unterhalten.

Daraufhin wendete sich der Bürgermeister von A an den Fabrikrat von B, und stellte bei dem Drängen der Arbeitsleute auf Zahlung das Ansuchen, die berechnete Quote alsbald aus den Mitteln der Kirchenfabrik B zu bestreiten, um nicht die Entscheidung des k. Bezirksamtes anrufen zu müssen.

Der Fabrikrat von B erwiderte, daß er sich nicht zu der angesonnenen Zahlung verstehen könne. Wenn der Bürgermeister oder der Gemeinderat von A die fraglichen Reparaturarbeiten vergeben habe, möge von dieser Seite auch die Bezahlung erfolgen. Die Kultusgemeinde B bilde eine Filiale mit eigener Kirche und mit der Berechtigung zu eigenem ständigen Gottesdienste; dieselbe müsse sämtliche Filial-Kultusausgaben bestreiten, ohne daß von den nicht zur Filiale gehörigen Pfarrgenossen hiezu etwas geleistet werde. Die Annahme einer Beitragspflicht der Filiale zu den Unterhaltungsausgaben für den Pfarrhof in A würde eine doppelte Last für die Filiale in sich schließen, da dieselbe ohnehin ein Pfarrhaus besitze. Dasselbe werde gegenwärtig als Schulhaus benützt, und stehe als Pfarrwohnung jederzeit wieder zur Verfügung. Ueberhaupt bestehe keine Rechtsnorm, auf Grund welcher die Filialkirchenfabriken angehalten werden könnten, zu den Baukosten eines gemeinschaftlichen Pfarrhofes beizutragen. Uebrigens bedarf die Kirchenfabrik B der vorhandenen Mittel selbst, weil in Bälde eine größere Orgelreparatur ausgeführt werden müsse.

Wenn gleichwohl an der Konkurrenzpflicht der Kirchenfabrik B festgehalten werden wolle, sehe der Fabrikrat von B getrost der gerichtlichen Klage entgegen, nachdem die Entscheidung der angeregten Frage gemäß Nr. III Ziff. 46 des Allerhöchsten Landtagsabschiedes vom 29. Dezember 1831 und bezw. Erkenntnis des Kompetenz-Konflikts-Senates vom 27. Mai 1851 (Regierungsbl. S. 378) den Gerichten zustehe.

Nunmehr wurden die sämtlichen Verhandlungen dem K. Bezirksamte zur Entscheidung der streitigen Angelegenheit vorgelegt. Dieses erholte noch die Erklärung des Fabrikrates von A, welche der letztere auf Grund ordnungsmäßiger Beschlußfassung dahin abgab, daß die Kirchenfabrik von A allerdings die Mittel besäße zur Bestreitung der gesamten Reparaturkosten, daß aber der Fabrikrat grundsätzlich an der Beitragspflicht der Kirchenfabrik von B und eventuell der Filialgemeinde B zu den Kosten des gemeinschaftlichen Pfarrhauses in A festhalten müsse.

Schließlich wurde die Handlungsweise des Bürgermeisters von A gebilligt und an das K. Bezirksamt der Antrag gestellt, im Sinne dieser Erklärung zu entscheiden.

Aus den in der bezirksamtlichen Registratur befindlichen älteren Akten geht hervor, daß am Beginne dieses Jahrhunderts infolge der Neuorganisation des katholischen Kultus in Gemäßheit der organischen Artikel vom 18. Germinal X die in der Gemeinde B früher bestandene Pfarrei B aufgehoben und diese Gemeinde als Filiale der benachbarten Pfarrei A zugeteilt worden ist, wobei die Kirche in B im Besitze ihres damaligen Vermögens verblieb.

Es ist nunmehr der nach Lage der Sache veranlaßte bezirksamtliche Beschluß zu entwerfen.

Frage

aus dem protestantischen Kirchenrechte.

Im Mai des Jahres 1883 legte Jakob Klein, der Rechner der protestantischen Kirchengemeinde Steinhausen in der Pfalz seine Funktion nieder.

Es fand sich Niemand, der das Kirchenrechnungswesen übernehmen wollte, besonders deshalb, weil der Rechner keinerlei Entschädigung bezieht.

Unter diesen Umständen bestimmte das K. Bezirksamt den damaligen Pfarrer Abel, das Rechnungswesen zu übernehmen.

Abel wurde seitens der Behörde als Rechner beeidigt, ohne daß jedoch das Presbyterium wegen Besetzung der Rechnerstelle gefragt wurde.

Pfarrer Abel ließ sich von dem abgetretenen Rechner Klein Akten und Gelder ausliefern. Hiebei ergab sich kein Anstand, und Abel stellte die Rechnung pro 1883, welche vom Presbyterium abgehört wurde, ohne daß dasselbe hiebei die Person des neuen Rechners beanstandete.

Das K. Bezirksamt schloß die Rechnung ab.

Pfarrer Abel führte das Rechnungswesen auch im Jahre 1884.

In diesem Jahre waren verschiedene vom Presbyterium gebilligte Arbeiten am Pfarrhause nötig, welche eine Ausgabe von 300 ℳ verursachten. Da kein Geld in der Kirchenkasse war, so honorierte Pfarrer Abel als Kirchenrechner die vom Presbyterium zur Auszahlung angewiesenen Beträge aus eigenen Mitteln und setzte sie folgerichtig in die Kirchenrechnung für 1884 in Ausgabe ein. Die Rechnung für 1884 schloß demgemäß ab mit einer Mehrausgabe, zugleich Guthaben oder Vorschuß des Rechners im Betrage von 300 ℳ. Die Rechnung wurde vom Presbyterium mit dieser Mehrausgabe gutgeheißen und vom K. Bezirksamte demgemäß abgeschlossen.

Als Pfarrer Abel im Jahre 1885 von Steinhausen auf eine andere Pfarrei versetzt wurde, war die Rechnerstelle wieder erledigt. Da wieder Niemand für die Stelle zu gewinnen war, so übernahm der neue Pfarrer Jakob Guth das Rechnungswesen, wurde vom Presbyterium als Rechner aufgestellt und vom K. Bezirksamte beeidigt.

Guth übernahm das Rechnungswesen von Abel, wobei sich kein Anstand ergab, insbesondere auch nicht bezüglich des Guthabens desselben.

Er stellte hierauf im Frühjahre 1886 die Rechnung für 1885. Das Guthaben seines Vorgängers mit 300 ℳ stellte er hiebei, ohne die nötige Einnahme von 300 ℳ zur Verfügung zu haben, dennoch in Ausgabe in der Weise, als hätte sein Vorgänger die Summe erhalten. Eine Quittung des letzteren liegt natürlich nicht vor.

Das Presbyterium hörte die Rechnung ohne Beanstandung dieses Punktes ab, und auch das K. Bezirksamt schloß sie ab, ohne daß auf den Mangel der Quittnng Rücksicht genommen wurde. Der Rechnungsabschluß wurde rechtskräftig.

Abel verlangte nun 1886 sein oben erwähntes Guthaben mit 300 ℳ, welches ihm in seiner Eigenschaft als Kirchenrechner geschuldet sei. Er wandte sich deshalb an das K. Bezirksamt mit der Bitte, den Rückersatz durch Pfarrer Guth in dessen Eigenschaft als Kirchenrechner eventuell durch die Pfarrgemeinde Steinhausen zu verfügen.

Pfarrer Guth leugnete jede Zahlungsverpflichtung mit der Berufung insbesondere darauf, daß er mit seinem Vorgänger Abel in keinem Schuldverhältnisse stehe, und das Presbyterium Namens der Kirchengemeinde berief sich insbesondere darauf, daß letztere durch den rechtskräftig gewordenen Abschluß der Rechnung von 1885, in welcher der Abelsche Vorschuß in Ausgabe erscheine, den Ansprüchen Abels, gegenüber gedeckt sei.

Beide Beklagte schützen auch die Unzuständigkeit der Verwaltungsbehörde vor, da eine reine Darlehensforderung des Abel in Frage sei, den zudem das Presbyterium nicht einmal als Rechner aufgestellt habe.

Die Kandidaten haben folgende Fragen zu beantworten und die Antworten gehörig zu begründen:

1. Sind die Gerichte oder die Verwaltungsbehörde zuständig, über die Forderung des Abel sei es dem Pfarrer und Rechner Guth gegenüber, sei es der Kirchengemeinde gegenüber zu erkennen?

2. Ist die Forderung des Abel, sei es gegenüber dem Pfarrer Guth, sei es gegenüber der Kirchengemeinde Steinhausen begründet?